U0072152

生命日記

最真心的故事
最感動的時

Diary of Life: The True Story

人生是不斷尋找智慧、快樂和夢想的過程，也是這些思想和現實的不斷交會的過程。心裡的欲望放在天平的一端，而另一端就是代價的砝碼。

人不一定要生得漂亮，
卻一定要活得漂亮！

前半生不要怕，後半生不後悔！

人不一定要生得漂亮，卻一定要活得漂亮！

放棄自己的堅持而去附和別人，真理便離你而去。

虛幻的真實，有什麼意義呢？應該盡其所能去做一件事情，才會成功。

生命中最可怕的莫過於每天不知自己該做什麼，而別人都在做該做的事情。

培育文化

人與人 52

生命日記：最真心的故事，最感動的時刻

編著　戴韋珍
責任編輯　林美娟
美術編輯　蕭佩玲
封面設計　蕭佩玲

出版者　培育文化事業有限公司
信箱　yungjiuh@ms.45.hinet.net
地址　新北市汐止區大同路三段一九四號九樓之一
電話　（02）8647-3663
傳真　（02）8674-3660
劃撥帳號　18669219
CVS代理　美璟文化有限公司
TEL／(02)27239968
FAX／(02)27239668

總經銷：永續圖書有限公司

永續圖書線上購物網
www.foreverbooks.com.tw

法律顧問　方圓法律事務所　涂成樞律師
出版日期　2013年6月

版權所有，任何形式之翻印，均屬侵權行為
Printed in Taiwan, 2013 All Rights Reserved

國家圖書館出版品預行編目資料

生命日記：最真心的故事，最感動的時刻 / 戴韋珍 編著.
-- 初版. -- 新北市 : 培育文化, 民102.06
面 ;　公分. -- (人與人系列 ; 52)
ISBN 978-986-5862-07-7(平裝)
1.人生哲學 2.通俗作品
191.9　　102006229

「百川東到海，何日復西歸？」人生經歷由種種際遇組成，同時也不可逆轉。充實、完滿、和諧的人生一次已經足夠；空洞、殘缺和遺憾的人生縱然經歷百次也毫無意義。趁著年輕力壯，好好去把握機遇，創造屬於自己的人生，不再虛度光陰、漫無目的、得過且過；也不因物喜物悲、得意忘形、傲氣沖天。人生應該豁達、從容、平靜、謙和地去過。唯其如此，才能長久地獲得內心的安寧、快樂、淡泊，做到不為之所累，亦不為之所憾。

「誰道人生無再少？門前流水尚能西，休將白髮唱黃雞。」生命的確是一去不復返的單程車，但同時，它也會在旅程中稍作駐足停留。既然壯年已經逝去而沒有去善待、把握，那麼，還有你的中年、老年，都不應該為過去而懊惱不已，應該看清前方的路，修正自己的目標，豪邁地向未來繼續前進，無論只剩一步之遙還是路程剛剛過半。前半生我們就是應該「不要怕」，後半生則應該「不後悔」，這是人生的哲學。不要去說什麼「人到中年萬事休」，須知，中年的酒才甘洌醇厚，入口綿長。「生命不息，奮鬥不止」，每個人都應該去掌握命運的方向，不到岸，不停歇。

人生就是不斷尋找智慧、快樂和夢想的過程，也是這些思想和現實的不斷交會的過程。本書正是從身邊的故事引導我們更準確地領悟人生，把握人生，從而使自己擁有一個精彩的人生。相信翻開它，你就一定會有所收穫。

Chapter 01

誰是傻瓜

Chapter 02

生命中最好的距離

Chapter 03

人生需要沉澱

Chapter 04

不爭議的智慧

Chapter 01

誰是傻瓜

某人去動物園看猩猩。他先向猩猩敬禮，猩猩也模仿著對他敬禮，他覺著很好玩；又向猩猩作揖，猩猩便也向他作揖。某人接著向猩猩扒眼皮，不料猩猩這次沒有模仿，而是打了他一巴掌。某人生氣地去問飼養員。飼養員告訴他：在猩猩的語言裡，扒眼皮是罵對方傻瓜的意思，所以猩猩要打他，某人大悟。第二天，某人再去動物園以圖報復。他向猩猩敬禮、作揖，猩猩都跟著做了。接著他拿出一根大棒子向自己頭上打了一下，然後把棒子交給猩猩。不料，猩猩這次又沒有模仿，而是向他扒了扒眼皮。

總以為自己聰明，成天去佔別人小便宜或戲弄別人的人，下場都是一樣，都會成為猩猩扒眼皮的對象。

平靜地走過小木橋

一位心理學家想知道人的心態對行為到底會產生什麼樣的影響，於是他做了一個實驗。首先，他讓十個人穿過一間黑暗的房子，在他的引導下，這十個人皆成功地穿了過去。然後，心理學家打開房內的一盞燈。

在昏暗的燈光下，這些人看清楚了房子內的一切，都嚇出了一身冷汗。這間房子的地面是一個大水池，水池裡有十幾條大鱷魚，水池上方搭著一座窄窄的小木橋，剛才，他們就是從這座小木橋上走過去的。

心理學家問：「現在，你們當中還有誰願意再次穿過這間房子呢？」沒有人回答。過了很久，有三個膽大的人站了出來。

其中一個小心翼翼地走了過去，速度比第一次慢了許多；另一個戰戰兢兢地踏上小木橋，走到一半時，竟只能趴在小橋上爬了過去；第三個剛走幾步就一下子爬下了，再也不敢向前移動半步。

心理學家又打開房內的另外九盞燈，燈光把房裡照得如同白晝。這時，人們看見小木橋下方裝有一張安全網，只由於網線顏色極淺，他們剛才根本沒有看見。

「現在，誰願意通過這座小木橋呢？」心理學家問道。這次又有五個人站了出來。

「你們為什麼不願意呢？」心理學家問剩下的兩個人。

「這張安全網牢固嗎？」兩個人異口同聲地反問。

很多時候，人生就像通過這座小木橋一樣，暫時的失敗恐怕不是因為力量薄弱、智力低下，而是周圍環境的威懾。面對險境，很多人早就失去了平靜的心態，慌了手腳，亂了方寸。

體驗被追逐的樂趣

在繁榮都市的郊區，有一個美麗的果園。每到水果盛產的季節，果園中各式各樣的水果高懸在樹上，五顏六色地爭奇鬥豔，對住在附近的許多小孩有著難以抗拒的強烈吸引力。

小朋友們喜歡趁著果園主人不注意的時候，三五成群地結伴壯膽，偷偷溜進果園裡摘樹上的水果。而果園主人總是躲在果園的角落，當小朋友們正在慶幸偷採水果的冒險行動成功之際，突然冒出身子來，大吼一聲，嚇得那些小朋友連忙抱著手中的戰利品，轉身拔腿就跑。

果園主人並不就此甘休，他也會跟著追上去，非得要把那些小朋友追過幾條街，搞得自己上氣不接下氣的，才肯放棄這種追逐，緩步走回自己的果園。

果園主人的一位朋友見到這樣的鬧劇幾乎天天上演，覺得看不過去，便勸他道：「唉！小朋友偷摘幾個水果，對你應該不會造成什麼損失，更何況你的年紀也不小了，再這樣跑下去，當心自己的身體承受不了，萬一有個閃失，豈不是更划不來？我勸你還是不要再追他們了。」

果園主人聽了之後，笑著對朋友道：「老兄，你是不是年紀真的大到忘了自己的童年生活啦？還記得我們小時候不是也這樣子到處去偷摘人家的水果來吃？同樣地，也被那些大人拼命追趕啊！你想一想，那些偷摘來的水果滋味怎麼樣。還記得嗎？」

朋友想了想，回答道：「嗯，那些甜美的水果，真是我一生中最好的回憶！」

果園主人點頭道：「對！這正是我忙著追那些小朋友的原因。」

果園的主人深深記著自己的兒時趣事，願意用相同的追逐方式，讓久居都市水泥叢林中的頑童也能夠體驗田園生活的樂趣，並讓他們在長大成人後，也能擁有同樣的快樂回憶，這是同情心發揮到極致的美好展現。

具備同情心，能夠隨時記得設身處地為人著想，瞭解對方心靈深處的真正感受，當面臨任何困境時，都將協助我們輕鬆快樂地生活。

坦然面對你的不足

著名的音樂家湯瑪斯・傑佛遜其貌不揚，他在向他的妻子瑪莎求婚時，還有兩位情敵也在追求瑪莎。一個星期天，傑佛遜的兩個情敵在瑪莎的家門口碰上了。於是，他們準備聯合起來羞辱傑佛遜。可是，這時門裡傳來優美的小提琴聲，還有一個甜美的聲音在伴唱。美妙的樂曲在房屋周遭飄蕩著，兩個情敵此時竟然沒有勇氣去推瑪莎家的門，他們心照不宣地走了，再也沒有回來過。

傑佛遜並不完美，也不出眾，但是有了小提琴和音樂才華，他就戰勝了。生活中，對自己的缺陷和弱點，不同的人會採取不同的辦法，而最佳的方法莫過於用突出自己的優點來掩飾，傑佛遜是小提琴家，我們呢？其實我們都有發現自己優點的武器。

對於每個人來講，不完美是客觀存在的，但無須怨天尤人，在羨慕別人的同時，不妨想想，怎樣才能走出誤區。或用善良美化，或用知識充實，或用自己一技之長發展自己。生命的可貴之處，在於看到自己的不足之處之後，能坦然面對。

多了一隻腳的螞蟻

在遙遠的國度裡，住著一窩奇特的螞蟻，牠們有預知風雨的能力。而就在最近，螞蟻們清楚地知道，有一個巨大的暴風在逐漸逼近，整窩螞蟻全部動員，往高處搬家。

這窩螞蟻之所以奇特，不在於牠們預知氣候的能力和天賦，牠們的特別之處，是整窩螞蟻都只有五隻腳，並不像一般螞蟻長有六隻腳。

由於牠們只有五隻腳，行動也就沒有一般螞蟻快捷。整個搬家的行動緩慢而雜遝，雖然面對暴風雨來襲的沉重壓力，每隻螞蟻心中都焦急不已，行動卻一點也快不起來。

在漫長的搬家隊伍中，有一隻螞蟻與眾不同，牠的行動快速，不停地往返於高地與蟻窩之間，來回一趟又一趟，彷彿不知勞累，辛苦地盡力搶搬蟻窩中的東西。

這隻勤快的螞蟻引起了五腳螞蟻群的注意，牠們仔細觀察牠的動作，終於找出這隻螞蟻動作如此敏捷的關鍵，牠有六隻腳。

五腳螞蟻的搬家隊伍整個暫停，牠們聚在一起，竊竊私語，討論這隻與牠們長得不同、行動卻快過牠們數倍的六腳螞蟻。

經過冗長的密議，五腳螞蟻們終於達成共識。牠們撲上前去，抓住那隻六腳螞蟻，一陣撕咬過後，將牠多出來的一隻腳扯了下來。

行動迅速的那隻螞蟻被扯去一隻腳，也變成了平凡的五腳螞蟻，在搬家的行列中，遲緩地跟隨大家移動。

五腳螞蟻們很高興牠們能除去一個異類，增加一個同伴。只是這時，暴風雨的雷鳴聲，已在不遠處隆隆地響起。

在你發揮潛能的同時，需要有判斷的智慧，瞭解周圍那些迎向你的聲浪，是消極的負面批判，抑或是正面積極的忠告。如果不能具備這樣的判斷能力，而誤將摯友積極的忠告，當成五腳螞蟻消極的撕咬；如此剛愎自用的後果，恐怕自己亦將變成五腳螞蟻。

快樂的動機很重要

大學生比爾上完課後，信步走進一家外表不怎麼起眼的咖啡店。他詫異地看見一個年約四十歲的男士正跪在地上擦地板，見比爾進來便停下了工作。比爾於是點了一杯飲料，便四處流覽起來。

令比爾驚喜的是店內的陳設十分別緻，那些畫、小裝飾品、桌布、燭臺，甚至雕刻，都像是從世界各地帶回來的，顯見老闆是個有心人。

第二次去，正巧這位老闆不忙，比爾便隨口和他聊了一會，得知他姓李，原在一家建築師事務所裡工作，許多有名的建築他都參與了設計，收入也不錯。原以為日子就這樣平順地過下去，沒想到五年前的某一天，他忽然對生命有了新的想法，希望平靜無波的生活裡多一點波瀾、變化。於是，單身的他便毅然辭了工作開始外出旅行，每一次他都會帶回一些紀念品。當家裡的紀念品存到一定程度時，李先生靈機一動，便有了開咖啡店的念頭。

對一個學建築的人而言，還有什麼比把夢想建築在自己的店中來得快樂呢？

李先生是個很有品味的人，懂得選擇自己想要的生活。

四年前的一個午後，憑藉一杯香醇的咖啡和他的親切招待，他換來了一份真摯的友誼。那個客人是有錢的房地產大亨，因為欣賞李先生對生命的獨特見解，幾次長聊，十分投機，兩人就像好朋友一樣。一次，他和李先生提起正在辦移民，要把所有的事業結束，而又有一批新建的房屋，地段也好，最適合當店面，如果李先生有意，他願意以比市價低一百萬的售價賣給他。

李先生欣然接受了他的提議，買下了現在這個房子，當然，從此也更快樂了！

聽完了李先生的故事，比爾深深被他那份樂在工作的情懷所吸引，並以此自勉。雖然人們不見得會如李先生那樣的好運，但可以確定的是，人們若能把每份生活都當成自己的事業，心甘情願、認真、喜悅地去做，一定能把生活過得很好。

每份快樂都是來自對快樂的那份清楚認知，只要是為自己的動機而做，一定會產生許多意想不到的收穫。倘若你快樂的動機就是對工作保持著興趣，你將是快樂王子。雖然，很多人認為興趣與現實是無法結合的，但如果你堅持一份熱愛，在現實中就懂得去實現自己的理想。

不要固執己見

有兩個酷愛登山的旅人，時常相偕至各處名山遨遊，一起享受登頂之樂。

有一次，他們兩人來到一座曾經攀登過的高山，想要再次感受當年一起征服這座山峰的興奮感覺。兩人依著當年行進的路線走著走著，轉進一條羊腸小徑，這是他們曾走過的一條捷徑，幾乎可以縮短三分之一的行程。

就在轉進這條岔路不久，他們遠遠見到前面路旁豎立著一面告示牌，上面幾個大字寫著：「前方道路不通，登山者請改道。」

其中一名旅人看了看那面告示牌，說道：「我看，還是走另外的路吧。」

另一名登山者搖頭道：「不，這條路可以通到山頂，而且我清楚地記得，上次我自己一個人來的時候，也有這個告示牌，憑我們登山的本事，就算此路不通，我們也可以開出一條新路來，犯不著走另外那條遠路。來！跟著我就沒錯。」

兩人不理會那面告示牌的警示，順著捷徑努力地往前趕路，果然一路順暢。那位堅持要走捷徑的旅人邊走還邊炫耀著：「你看！我說的沒錯吧！這條路真是好走，而且又近了許多。」

就在他得意忘形之際，眼前出現了一條深不見底的山澗，而唯一橫跨兩岸懸崖的那座吊橋，卻因為年久失修，斷裂成兩截，此際正迎著強勁的山風飄搖著，似乎正在向他們揚手示威。

眼看距離峰頂剩下不到五百公尺的距離，兩名旅人卻是無法越過那道又寬又深的山澗，兩人不得已，只好搖頭興歎，開始往回走。

待他們筋疲力盡地回到原先那面告示牌的附近時，兩人猛然抬頭一看，只見告示牌的背面，用紅色油漆寫著幾個大字：「歡迎你回來，笨蛋！」

一味固執的堅持己見，難以聽進任何善意的勸解或指導，是造成自己挫敗的重要因素。這叫做咎由自取，根本怨不得別人。若是硬要找人為此負責，唯一能找的對象，也就只有自己了。

向自己問路

黃昏時分，有一個人在森林中迷了路。天色漸漸地暗了，眼看黑幕即將籠罩大地，黑暗的恐懼和危險一步步逼近。這個人心裡明白：只要一步走錯，就有掉入深坑或陷入泥沼的可能。會有潛伏在樹叢後面飢餓的野獸，正虎視眈眈注意著他的動靜，深深的恐怖正威脅著他，侵襲著他。萬籟俱寂，對他來說是一片死前的寂靜和孤單。

這時，漆黑的夜空中，幾顆微弱的星光，一閃，一閃，似乎帶來了一線光明，卻又不時地消失在黑暗裡，留給人迷茫。但是對汪洋中的溺水者來說，一根空心的稻草都是珍貴的，都認為是救命的法寶，雖然一根稻草是那麼的無濟於事。

突然間，眼前出現一位流浪漢踽踽途中，他不禁歡喜雀躍，上前叫住，探詢出去的路途。

這位陌生的流浪漢很友善地答應幫助他。走呀，走！他發現這位陌生人和他一樣的迷途。於是，他失望地離開了這位迷途的陌生夥伴，再一次回到自己原先的路線上來。

不久，他又碰上了第二個陌生的人，那人肯定地說他擁有逃出森林的精確地圖，他再跟隨這個新的嚮導，終於發現這是一個自欺欺人的人，他的地圖只不過是他自我欺騙情緒的結果而已。

於是他陷入深深的絕望之中，他曾經竭力問他們有關走出森林的知識，但他們的眼神後面隱藏著憂慮和不安，他知道：他們和他一樣地迷茫。他漫無目的地走著，一路的驚慌和失誤，使他由彷徨、失落而恐懼。無意間，當他把手插入口袋時，找到了一張正確的地圖。

他若有所悟地笑了：原來它始終就在這裡，只要向自己本身去尋找就行了。從前他太忙，忙著詢問別人，反而忽略了最重要的事——回到自己。

如同這位流浪者，你天生具有一份內在的地圖，指引你離開憂慮和沮喪的黑森林。這個故事告訴我們，情緒性的恐懼是多餘的。假如任何人告訴你別的，那他一定沒有找到他自己。當遇到困難，陷入了困境，不要依賴別人，要相信自己，向自己問路。這往往是成功的前夕，一切困難即將過去。

等待三天

一位訪美的中國女作家在紐約街頭遇到一位賣花的老太太。這位老太太穿著相當破舊，身體看上去也很虛弱，臉上卻是祥和高興的神情。女作家挑了一朵花說：「妳看起來很高興。」

「為什麼不呢？一切都這麼美好。」

「對煩惱，妳倒真能看得開。」女作家隨口說了一句。

老太太的回答令女作家大吃一驚：「耶穌在星期五被釘上十字架時，是全世界最糟糕的一天，可是三天後就是復活節。所以，當我遇到不幸時，就會等待三天，一切就恢復正常了。」

多麼平凡而又充滿哲理的一種生活方式，它把煩惱和痛苦拋下，全力去收穫快樂。再痛苦的事都會過去，把它們拋在身後，全力向前，去迎接快樂。

玻璃門

學校大廳的門被踢破了。

——可憐的門，自從裝上去的那天開始，幾乎沒有一天不挨踢。十五六歲的少年，正是淘氣調皮的年紀。用腳開門，用腳關門，早成為他們的普遍行為。學校教導員為此傷透了腦筋，他曾在門上張貼過五花八門的警示語，什麼「足下留情」「我是門，我也怕痛」，諸如此類。可是，不管用。

大廳門被踢破的那一天，訓導主任向校長建議：乾脆換成大鐵門——他們腳上不是長著牙嗎？那就讓他們去「啃」那鐵傢伙吧！

校長笑著說：「放心吧，我已經訂做了最堅固的門。很快，舊門被拆下來，新門被裝上去。」

新裝的大門似乎挺有「人緣」，裝上以後居然沒有挨過一次踢。孩子走到門口，總是不由自主地放慢腳步。陽光隨著門扉的開啟與閉合而不停地旋轉。穿越它的時刻，少年的心感到了愛與被愛的欣幸。

這道門怎能不堅固——它捧出一份信任，把一個易碎的夢大膽地交到孩子們手中，讓他們在美麗的憂懼中學會了珍惜與呵護。

——這是一道玻璃門。何不敞開不設防呢？

有時，越是堅固的東西越是有人想去碰，反之，越脆弱的東西越是小心呵護。防不勝防，不如不防。

世界小姐的故事

有一個名叫韋格的奧地利女孩，天生麗質，聰慧可人。她在一所大學專修油畫，她的男友正為她籌備個人畫展。當經濟出現危機時，男友鼓勵她參加世界小姐選美，因為初賽的獎金高達五千美元。她去了，而且一路選到了拉斯維加斯。她成了一九八七年度的世界小姐。

韋格想開畫展，可是她已經不需要畫展了；韋格想和男友浪漫纏綿，可是她也不缺少浪漫了。

身為世界小姐，一下子站在了榮耀和財富的頂端。

當事業如日中天之時，她患上了一種名叫克里曼特的綜合征。這種病症的最大危險在於，雙眼視力逐漸衰退，直至失明。韋格幾乎是絕望地陷入黑暗之中了。

消息傳出，一位名叫帕迪的南非小男孩給她寄來了一包土，說他們那裡的人用此治病。

韋格不相信那包土，但懷著姑且一試的想法用了，奇蹟卻發生了，她康復了。

韋格後來嫁給一個美國富翁。她先後嫁了六次，可是沒有一個男人令她傾心。她自殺了。

對這個故事，一百個人可能會有一百種說法，可是我要告訴大家的是：你可以用自己不喜歡的方式賺到財富，也可以用自己不相信的藥治好病，但你無法從自己不愛的人身上獲得幸福。在我們的追求中，幸福是最難得到的，你可以很幸運，但你不能很輕易地獲得幸福。

烤肉上的頭髮

晉文公很喜歡吃烤肉，專為他烤肉的廚師自然也很得他喜愛，待遇優厚。一天，晉文公吃烤肉時，竟然發現肉上有一根頭髮。晉文公大怒，招來廚師，欲治其罪。

廚師連連磕頭，說自己犯了三條大罪。

晉文公覺著奇怪，問他怎麼會有三條罪呢？

廚師說：一是他把刀磨得飛快，卻沒能切斷這根頭髮；二是他小心仔細地把肉串到籤子上，睜著大眼睛卻沒有看到頭髮；三是爐火那麼旺，肉烤熟了卻沒燒掉頭髮。

晉文公於是問他：廚房中誰有可能替代他的位置呢？

廚師說出了一個人。晉文公命人把他帶來審問。果然是這個人所為，意在激怒主人，治罪廚師，自己取而代之。

事出有因，不妨冷靜地思考和應對，不可因事而亂，落入別人的圈套和陰謀中。

六尺巷

清朝宰相張英，一日忽然接到老家書信。拆開一看，方知家中與鄰人發生爭執，起因是隔開兩家院子的牆塌了，重新砌牆時都為多佔些地皮而寸土不讓。家人捎信來請他出面說話，以讓鄰人退縮。不久，張英給家人回信，裡邊卻只有一首打油詩：

千里捎書只為牆，讓他三尺又何妨。萬里長城今猶在，不見當年秦始皇。

家人乃明白其中的道理，主動往後退讓三尺，鄰人也自知理虧，也往後退讓三尺，於是中間出現了一條六尺寬的巷子，可供村民行走。

村人於是將巷子命名為「六尺巷」。

古往今來，有哪些東西是永傳後世的呢？恐怕只有美德和謙讓的精神。退一步海闊天空，又何必為蠅頭小利而爭得頭破血流呢？

人的悲哀

天山腳下小村莊的一匹漂亮母馬，失去了矯健的配偶，村裡人想再找一匹公馬，形成一個駿馬群落。在失望於一匹匹公馬後，人們最終想到了這匹母馬的兒子，一匹強壯剽悍渾身無一根雜毛的白馬。

但，牧民們清楚，馬不近親交歡，鞭打也不。於是他們用黑布罩住了兩匹馬的眼，懷著畸形的心態，將雄健的公馬拉到美麗的母馬旁。

人們如願以償。事後，一位牧人想木已成舟，百米外取掉馬的眼罩。白馬回頭看了一眼母馬，仰天長嘯；母馬也認出了白馬，頓時揚起兩隻前蹄，幾乎將身體豎起，爆發悲鳴。

牧民們猛然驚醒，意識到要發生什麼。然而一切都來不及了，白馬拼死掙脫韁繩，向遠處的崖邊奔去，縱身一跳；而此時母馬也脫韁向相反的方向狂奔，面對萬丈深淵，毫不猶豫地跳下去……

那裹著利欲和謀略的人，那帶著血性和尊嚴的馬，在生命的崖上交鋒，天地看到了勝敗。不只是人才有尊嚴，不只是人才懂得尊嚴。這地球絕非只屬人類，萬物皆有其靈性，皆有其規律。

不顧長遠而只知道胡亂改天造地，結果只能得到哀鳴和毀滅。

上帝不會辜負生命的堅持

十五世紀中葉的一個夏天，航海家哥倫布從海地島海域向西班牙勝利返航。經歷了驚濤駭浪的船員都在甲板上默默祈禱：上帝呀，請讓這和煦的陽光一直陪伴我們返回到西班牙吧。但船隊剛離開海地島不久，天氣就驟然變得十分惡劣了。天空佈滿烏雲，遠方電閃雷鳴，巨大的風暴從遠方的海上向船隊撲來。這是哥倫布航海史上遭遇的最大一次風暴，有幾艘船已經被排浪打翻了，一瞬間，便沉入了大海的深淵。

船長悲壯地告訴哥倫布說：「我們將永遠不能踏上陸地了。」哥倫布知道，或許就要船毀人亡了，他歎口氣對船長說：「我們可以消失，但資料卻一定要留給人類。」哥倫布鑽進船艙，在瘋狂顛簸的船艙裡，迅速地把最為珍貴的資料縮寫在幾頁紙上，卷好，塞進一個玻璃瓶裡並加以密封後，將玻璃瓶拋進了波濤洶湧的茫茫大海。

「有一天，這些資料一定會漂到西班牙的海灘上！」哥倫布自信而肯定地說。

「絕不可能！」船長說，「它可能會葬身魚腹，也可能被海浪擊碎，或許會深埋海底。」

哥倫布自信地說：「或許一年兩年，也許幾個世紀，但它一定會漂到西班牙去，這是我的信念。上帝可以辜負生命，卻絕不會辜負生命堅持的信念。」

幸運的是，哥倫布和他的大部分船隻在這次空前的海上風暴中死裡逃生。回到西班牙後，哥倫布和船長都不停地派人在海灘上尋找那個漂流瓶，但直到哥倫布離開這個世界時，漂流瓶也沒有找到。

一八五六年，大海終於把那個漂流瓶沖到了西班牙的比斯開灣，而此時，距哥倫布遭遇的那場海上風暴，已經整整過去了三個多世紀。

人生一定要有堅定的信念，上帝可以辜負生命，但絕不會辜負堅持的信念。

再也回不到從前

有一塊美麗的大石頭，被山澗的激流沖洗得十分光潔。後來，激流開始變窄，衝力也漸漸減弱，最後，水全部退去，一滴也不存在了。

這樣，石頭就在陡峭的山坡上顯露出來。巧的是，它正好在一座小樹林的附近，那裡恬靜而又美麗。山坡下面是一條石子路。光潔的大石頭佔有特殊的地勢，從那兒可以飽覽許多景物。在這長滿青草、開遍鮮花、充滿芳香的地方，照理說，它應當感到非常幸運。

一天，它望著道路，發現人們在鋪鵝卵石，使路面變得更堅硬。突然，它產生了一個瘋狂的念頭，想要到下面的道路上去。

它對自己說：「我在這上面和青草混在一起幹什麼？我應當和兄弟姐妹們生活在一起。我覺得，這樣做是最正確的。」它這樣說著，衝動之下，開始行動。

沒有靠任何人的幫助，就開始向下滾動。真巧，一直滾到路中間才停下來，四周全是和它類似的石頭。

「好極了，我就待在這兒！」

這條道路十分繁忙。鐵轂轆大車從它的身上走過，拉車的駿馬震撼著大地，強有力的馬蹄鐵踐踏著它，還有穿著帶鐵釘靴子的農民和成群的牲畜都經常光顧它。

沒有多少時間，美麗的石頭就遇到了許多麻煩：有的打擊它，有的踐踏它，有的敲去它身上的石片。

在灰塵、泥土和牲口糞便的下面，它幾乎都認不出自己本來的面目了！被玷污的石頭開始向上看了，它痛苦地望著它離開的地方。那裡是多麼綠，多麼潔淨，多麼芳香和美麗喲！石頭為它失去的天堂歎氣，痛哭流涕，但是，一切都是枉然。

「啊，回不到山坡上去了！我永遠不會再有那種安寧的日子！對我來說，幸福不存在了……」

失去後才知道曾經擁有的珍貴，擁有時卻不知道珍惜。「再回到從前」是多少人的夢想，又令多少人失望。其實，失去就再也回不到從前。珍惜現在吧！不要這山望著那山高。

人生

有一個寓言：

上帝製造了驢子，對牠說：「你是頭驢子，從早到晚要不停地幹活，在你的背上還需要馱著重物，你吃的是草而且缺乏智慧，你的生命將有五十年。」

驢子回答說：「這樣生活五十年太長了。求求您上帝，不要超過二十年吧。」

上帝答應了。

上帝製造了狗，對牠說：「你呀，需要隨時保持警惕性，守護著你最好的夥伴——人類和他們的住所。你吃的是他們桌上的殘食，你的生命為二十五年。」

狗回答說：「我的主啊！這樣生活二十五年太長了，請您改變我的生命，不要超過十年。」

上帝答應了牠的要求。

上帝製造了猴子，對牠說：「猴子，你懸掛在樹上，像個白癡一樣令人發笑。你將生活在世上二十年。」

猴子眨眨眼睛回答說：「我的主啊！活二十年如同小丑般，太長了，請您不要讓時間超過十年吧！」

上帝也答應了猴子的請求。

最後，上帝製造了人，告訴他：「人，要有理性地活在這個世上，用你的智慧掌握一切、支配一切，而人的生命為二十年。」

人聽完後是這樣回答的：「主啊！人活著只有二十年太短了，您將驢子拒絕的三十年、狗拒絕的十五年和猴子拒絕的十年賜予我好嗎？」

上帝同樣答應了。

正如上帝所安排的那樣，人好好地活了開始的二十年，接著三十年立業成家如同驢子般背著沉重的包袱拼命地工作；然後十五年猶如狗一樣認真守護著他的孩子，吃光他們碗裡剩下的食物；當人年老的時候，他生活得又像猴子一樣，扮演小丑逗樂他的孫子們。

人就是這樣走過他們的一生，但是他們享受到了這個過程的快樂，還有什麼比這更重要的嗎？

澆水

有兩個人一起在沙漠裡種胡楊樹。其中一個老人待樹苗成活後，每隔三天就要來給樹苗澆水。另一個人到樹苗成活，就來得很少了。偶爾來一下，也只是把被風刮倒的樹苗扶一把，且卻不澆一點水。兩年後，兩片胡楊樹都長得有茶杯粗了。忽然有一天，沙塵暴席捲而來。風停後，人們驚訝地發現：老人種的樹幾乎都被風刮倒，有的甚至連根拔起；而另一個人種的樹，只是被風吹折了一些樹枝和樹葉。

問其原因，那人說：「你經常給樹澆水施肥，它的根就不往泥土深處紮。而我把樹栽活後就不再去理睬它，逼得它們恨不得把自己的根一直紮進地底下的源泉中去。」

試想一下，有這麼深的根，怎能輕易被暴風刮倒？獨到的真知，精闢的見解，入木三分，發人深省。至於怎樣在沙漠裡種樹，是不是應該像這個人那樣種，看來都不重要了。

樹似乎與人近似，對它太殷勤了，就培養了它的惰性。人似乎與樹相像，四周的人都對他呵護有加，他就難以具備遭遇各種各樣挫折的準備及對變化莫測社會的戒備。

樹有生命。南方的大榕樹以其枝繁葉茂、精壯根盤的飄逸風姿，令遊人戀戀不捨；沙漠裡的胡楊樹，以其伶仃瘦骨、莖實葉堅笑傲自然，令文人墨客敬佩不已。肥沃和貧瘠都可以孕育生命，但肥沃孕育的生命缺乏那種不屈不撓的精神，缺乏貧瘠中所孕育的毅力和堅韌。

即使生命有適合的土壤，也不能給它過分的溫暖，經風雨洗滌、經歷艱苦劫難才是對生命的最愛。

即使生長在最不適宜的地方，也不能對它冷嘲熱諷。因為，只要它拼命向下紮根，拼命吮吸大地母親的養分，終有一天它會頂天立地、傲視蒼穹。「樹猶如此，人何以堪？」正如溫室裡養不出青松一樣，過分的呵護會使人失去成長的能力，稍遇風雨就會倒下。因此，成長需要自己的空間，需要自己努力紮根於現實。

淡對福禍

《阿毗達摩俱舍論》中有個福禍雙至的故事。

這個故事說的是很早很早以前，有一個年輕人，願上天能賜予他最大的幸福。他日復一日，虔誠地向佛祈禱。他的誠心終於感動了上天。一天夜裡，他聽到敲門聲，當他把門打開時，赫然發現門外站著一位美麗異常的女孩。這時，這位美麗的女孩開口了，她的聲音非常美妙，猶如黃鶯出谷一般：「我是負責管理幸福的女神，是吉祥天。」

年輕人不禁喜出望外，立刻邀請她進屋裡坐，吉祥天含笑地說：「請等一等，我還有一個妹妹，她跟我是形影不離的！」

隨即將站在其身後暗處的妹妹介紹給年輕人。當年輕人看清楚她的面孔後，不禁大驚失色，心想，世界上怎麼會有如此醜陋的人？

他疑惑地問吉祥天：「這位女孩真的是妳的妹妹嗎？」

吉祥天嚴肅地回答：「她就是我妹妹，叫黑暗天，是掌管不幸的女神。」

年輕人聽了連忙懇求：「我只要妳進來就行了，叫黑暗天留在門外好嗎？」

她回答道：「你的要求恕我無法接受，因為我和妹妹從小到大都是形影不離的。」

年輕人聽了深感苦惱，而遲遲不能決定。

這時，吉祥天說話了：「如果你還是難以決定，那我倆就告辭了。」

當年輕人還在猶豫不決、進退兩難時，她們很快就消失了。

禍兮福之所倚，福兮禍之所伏。

福禍相隨，是不可分割的。有時福禍只在一瞬之間，一念之差。我們在生活中，應不因福喜，不因禍憂，因為福中有禍，禍中有福。

花的效應

有一對夫婦開車經過鄉下的一家餐廳。停下來用餐時，太太想去一下洗手間。一進洗手間，她便看見一盆盛開的鮮花擺在一張老舊但非常雅致的木頭桌子上。洗手間裡收拾得非常整齊，可以說一塵不染。這位太太使用過之後，也主動把洗手台擦拭得乾乾淨淨。太太上車前對餐廳老闆說，那些鮮花可真漂亮。

「謝謝，」老闆得意地說，「您知道嗎，我在那裡擺鮮花已經有十多年了。您絕對想不到那小小的一盆花替我省了多少清潔工作。」

人才是環境的主宰，讓環境更好的辦法是保持乾淨，使我們的心靈保持乾淨的辦法就是立即除去污穢，也因此能和那些心靈高尚的人相互影響。

從煙囪裡爬出來的兩個人

愛因斯坦對學生說：「有兩位工人從煙囪裡爬出來，一位很乾淨，一位很骯髒，請問誰會去洗澡？」

一位學生說：「當然是骯髒的工人會去洗澡。」愛因斯坦反問說：「是嗎？乾淨的工人看見了骯髒的工人，他會覺得的確很骯髒。骯髒的工人看到了乾淨的工人很乾淨，就不這麼想了。我想再問你們，哪個工人會去洗澡？」

另一位學生似乎發現了答案：「因為乾淨的工人看到了骯髒的工人，以為自己也是骯髒的，骯髒的工人看到了乾淨的工人，就會以為自己是乾淨的。所以乾淨的工人會去洗澡。」在場的學生都認同這個答案，愛因斯坦笑著說：「答案是錯的。理由很簡單，兩個工人從煙囪裡爬出來，怎麼可能一個工人乾淨而另一個工人骯髒呢？」

打破思維定式，從慣性中跳出來，才能獲得真正的答案。真理往往藏在司空見慣的事物或現象背後。

永遠不晚

日語學習班開學報名時，來了一位老者。

「給孩子報名？」登記小姐問。

「不，自己。」老人回答。

小姐愕然。

屋裡那些年輕的報名者也愕然，有的哧笑。

老人解釋：「兒子在日本找了個媳婦，他們每次回來，說話嘰哩咕嚕，我聽著急。我想聽懂他們的話。」

「您今年貴庚？」小姐問。

「六十八。」

「您想聽懂他們的話，最少要學兩年。可是兩年以後你都七十了。」

老人笑笑地反問：「小姐，妳以為我如果不學，兩年以後就是六十六嗎？」

不怕慢，就怕偷懶。只要你開始，就會有收穫。站著或者躺著的人，只是重複撕去日曆的一頁，徒增歲月。

老人學與不學的結果在於面對兒媳時是談笑風生還是呆若木雞的天壤之別。而同樣都是兩年後七十歲，「活到老，學到老」，讓生命更精彩。

陽光和乞丐

大概發現有人在望他，乞丐回頭看了一眼，那人急忙垂下自己憐憫的目光。

過了一兩分鐘，行人忍不住再次回頭，發現乞丐也正回頭望他，他們的視線碰到了一起。行人想他大概是需要錢的，就從口袋裡摸出一枚一角的硬幣，起身追趕上他，扔進他隨意抬起的鐵罐裡。

鐵罐空空的，這枚硬幣落進去發出清脆的一響。乞丐有些詫異地看了看那枚硬幣，又看了看行人，眼神很怪。

難道嫌少？

誰知接下來他竟將一角錢塞還到行人手中，行人一下子愣住了。只聽到他說：「先生，我來這裡是曬太陽的，不是來討錢的。」然後轉身走了，在幾十公尺外的草坪上，他將鐵罐放在地上，很舒適地把一條腿搭在鐵罐上，陽光灑在他臉上，一片安詳自在。

行人的心有些顫動，為自己的狹隘臉紅。

難道一個乞丐享受陽光的恩賜時，也必須帶著乞討的心情嗎？

有時候，事情並不是一成不變的。

換一種心情去看，乞丐也不光為討錢，也有享受陽光的愜意時刻，也有其生活的方式。不妨換個眼光去看人和事，一切並非「昨日重現」。

是真理就要堅持

學生們向蘇格拉底請教怎樣才能堅持真理。蘇格拉底讓大家坐下來。他用手指捏著一個蘋果，慢慢地從每個同學的座位旁邊走過，一邊走一邊說：「請同學們集中精力，注意嗅空氣中的氣味。」

然後，他回到講臺上，把蘋果舉起來左右晃了晃，問：「哪位同學聞到了蘋果的味道？」

有一位學生舉手回答說：「我聞到了，是香味。」

蘇格拉底再次走下講臺，舉著蘋果，慢慢地從每一個學生的座位旁邊走過，邊走邊叮囑：「請同學務必集中精力，仔細嗅一嗅空氣中的氣味。」

稍停，蘇格拉底第三次走到學生中，讓每位學生都嗅一嗅蘋果。

這一次，除一位學生外，其他學生都舉起了手。那位沒舉手的學生左右看了看，慌忙也舉起了手。

蘇格拉底臉上的笑容不見了，他舉起蘋果接著緩緩地說：「非常遺憾，這是一枚假蘋果，什麼味道也沒有。」

放棄自己的堅持而去附和別人，真理便離你而去。虛幻的真實，有什麼意義呢？應該盡其所能去做一件事情，才會成功。最可怕的莫過於每天不知自己該做什麼，而別人都在做該做的事情。

盲人帶路

一天早晨，倫敦城裡大霧彌漫，一片灰濛濛，要看清楚一兩英尺遠的地方都十分困難。公共汽車、小轎車和計程車完全無法行駛，被迫停在路邊。大街上，人們只好在大霧中慢慢地步行。

史密斯要去學院參加一個重要的會議，必須準時趕到那裡。他心急如焚，只好摸索著往前走，沒有過多久就像其他一些行人一樣迷路了。就在這時，史密斯遇到了一個熱心的人，對方主動地問他有何困難，需要什麼幫助，並介紹說自己名叫鮑伯。在得知史密斯有急事後，鮑伯自告奮勇地替他帶路。

就這樣，他們倆寸步不離地穿行在濃霧之中。雖然街上能見度很低，但鮑伯毫不費力地走著。他領著史密斯走過一條巷子，接著拐進一條大街，然後通過一個廣場，只用了半個小時就到了學院。

史密斯十分高興，但弄不明白這位好心人為什麼這樣輕車熟路。

「鮑伯先生，真是太感謝您了！」他隨即問道，「在這樣的大霧裡，您是怎樣找到路的？」

「先生，再大的霧也難不住我，我是一個盲人。」鮑伯說。

有的人不是用眼睛看路的，而是用心。習慣成自然，留心了，就會在每條路上來去自如，心到腳到。對於經歷過的人來說，再困難的旅途也不會被難倒。

兩隻小雞

從前有一隻公雞和一隻母雞，公雞名叫小喔喔，母雞名叫小咯咯。母雞下了一個黃色的蛋，孵出一隻黃色的小雞，小雞的爸媽管牠叫小唧唧。

有一次，飛來一隻兇惡的老鷹，把雞媽咯咯叼走了，從此小唧唧成了孤兒。公雞帶來了另一隻母雞，名字叫科科。母雞科科下了一個黑色的蛋，孵出一隻黑色的小雞，牠說：「我們得給這隻小雞取一個又美又長的名字。名字越長，壽命也會越長些。」

於是，牠們給小黑雞取了一名字，叫做：我們的小姣姣藍眼睛綠嘴殼紅冠子飛毛腿機靈的腦袋烏黑的羽毛爸爸媽媽的小寶貝。

這名字可真是又美又長。

兩隻小雞在一起生活著。小黃雞平常得工作，而小黑雞呢？誰也不會叫牠去幹活。大家一想到要念這麼長的一個名字，寧可叫小黃雞來得痛快省事。

「小唧唧，去弄點兒水來！」

「小唧唧，去挖幾條蚯蚓來！」

「小唧唧，去捉些小蟲子來！」

長名字的小黑雞一天到晚只是曬太陽，什麼也不幹。

有一回，一隻狐狸溜進院子裡，抓住了小黃雞，公雞爸爸忙叫道：

「小唧唧被狐狸抓著啦！」

狗、豬和山羊聞聲趕來追狐狸，狐狸嚇得忙把小黃雞放下跑掉了。

第二天，狐狸又來了，抓住了小黑雞，被母雞媽媽看見了，牠忙叫喊道：

「我們的小姣姣藍眼睛綠嘴殼紅冠子飛毛腿機靈的腦袋烏黑的羽毛爸爸媽媽的小寶貝被狐狸抓住啦！」

還沒等牠把這個囉哩囉唆、又長又美的名字說完，狐狸早已把小黑雞拖跑吞吃了。

小黑雞就因為名字太長太美而落得個短命的下場。

虛榮是人生致命的枷鎖，華而不實的修飾是致人受罪的毒藥。

Chapter 02

生命中最好的距離

一群豪豬在寒冷的冬天擠在一起取暖。但牠們的刺毛會互相擊刺，十分難受。於是不得不分散開。可是寒冷又把牠們聚在一起，於是同樣的事又發生了。最後，經過幾番聚散，牠們發現最好是彼此保持相當的距離。同樣，群居的需要使得豪豬聚在一起，只是牠們本性中的刺毛使得彼此厭惡。牠們最後發現了使彼此可以相安的那個距離，便是那一套禮貌；凡違反禮貌者要受嚴詞警告——用一句簡單的話說——請保持相當距離。用這種方法，彼此取暖的需要可以滿足了，而且彼此可以不致互刺。

距離是美，是種保護。人與人之間相處，需要彼此的空間。即使好友、戀人、夫妻也要保持距離。因為，距離會使大家都感到輕鬆、自由以及想念。

平凡就是不簡單

許多人都想做一個不平凡的人，在歷史的天空中閃耀。因此，時時為目前微不足道的處境而苦惱。

但我們忘記了這個事實：不平凡是在平凡中孕育的，如果能像野田聖子一樣，對自己工作的精細程度信任到敢喝洗廁水，就已經不平凡了。

搜狐總裁張朝陽就是一個從平凡走向不平凡的人。

小時候，張朝陽很貪玩。

但他愛幻想，總憧憬長大後能闖出點名堂來。

一九八一年，張朝陽考入清華大學，畢業後考取李政道獎學金，到了美國麻省理工學院學習。

一九九三年獲得了博士學位。

一九九五年回國。

一九九八年創辦中國最大的中文網站——搜狐網站。同年被美國時代雜誌評為「全球電腦數位化領域的五十名風雲人物」，排名第四十五位，成為世界級知名人物。

這對許多夢想成為不平凡的人，卻為每天只能從事平凡的小事而煩惱的人來說，應是一種啟迪。平凡中蘊涵偉大，平凡蘊涵累積，正是因為有了每天的平凡，成就總有一天會到來。

獅子與主人

一個人在山路上撿到一隻幼小的獅子，便抱回家餵養。他對獅子無微不至，給牠餵食美味的食物，給牠梳毛，給牠洗澡。

獅子對他也親密無間，扒他的肩膀，舔他的手腳，陪他散步，和他戲耍。獅子在他的懷中漸漸長大，長成一隻威猛的雄獅，也溫馴得如同一條家狗。

有一天他突發奇想：想騎著獅子旅遊。於是他騎上了獅子，踏上了旅程。一路上獅子很聽話，平穩地馱著他。所到之處人們對他夾道喝彩，這下子他更神氣了。

路上有人問他：「獅子不會吃你嗎？」

他說：「那怎麼可能呢！」

路上有條狗問獅子：「你怎麼不吃他呢？」

獅子說：「那怎麼可能呢！」

一天，他們要穿過一片沙漠，路上遇到了風沙暴，水和食物都被吹走了。他在痛心之時也去安慰獅子：「朋友忍著點，等過了沙漠，我讓你飽吃一頓。」並跳下來步行。

一天過去了，獅子餓得圍著他打轉；兩天過去了，獅子餓得舔他的手腳；三天過去了，獅子對他進行了輕輕的撕咬；四天過去了，獅子向他齜起了牙齒；第五天，飢餓的獅子向他瞪起了血紅的眼睛，在他正要上前撫摸牠時，獅子奮力一縱將他撲倒，瞬間把他撕成了碎片。

至死他都不明白，獅子怎麼會吃了他呢？

有些友誼是建立在溫飽基礎上的，吃飽穿暖才是親密無間的朋友，生死存亡的時刻便會露出兇殘的本質。千萬要認清朋友的本質，朋友也要在心裡分個等級。但是，做到捨生為人太不容易了，這是人的本性，當面臨著生存的問題時，道德有時是不管用的，求生才是第一反應，道德解決不了所有問題。

人性的底線

這一年，父親得了尿毒症，秀秀傾其所有匯去了五萬元（這已是她當年上大學費用的兩倍）。

然而昂貴的醫藥費使兩位老人很快變得貧窮，秀秀也因此背上了沉重的包袱。不堪重負的秀秀終於在將借來的三萬元錢匯出後，便從此消失了。兩位老人再也找不到她的蹤跡。

唐家和李家本是鄰居，因為一塊宅基地而發生糾紛。爭鬥中，唐家男人被李家打傷了一條腿，從此兩家成為世仇。

因為李家勢大，唐家屢屢吃虧，唐家女人因此虔誠信佛，日日在佛前祈禱，希望李家天降災禍，家破人亡。

不可思議的事竟真的發生了。先是李家男人得絕症而亡，接著，一場莫名其妙的大火又將李家燒了個精光，最後李家女人也瘋了，只留下一個十三歲的男孩和一個十歲的女孩艱難度日。開始，唐家人幸災樂禍，覺得真是老天有眼，漸漸地唐家人內心越來越不安，每當看見兩個孩子拖著瘦小的身軀在田裡辛苦勞作時，唐家女人又會偷偷掉淚。

後來，唐家男人經常趁著月夜幫李家孩子犁田，唐家女人也會在夜裡悄悄地為李家割稻。

有時候，愛也不會總是湧泉相報，恨也不一定是不共戴天。愛和恨都有底線，那就是人心的承受能力。我們施恩也不能求人湧泉相報，恩同再造不過是再造，我們憎恨也不會希望世代記仇。所以，凡事不要依賴別人，只靠自己，這樣就不會背上任何負擔了。

獨品人生百味

一位年輕人去拜訪一位聖人。他住在山那邊一個幽靜的林子裡。正當他們談論什麼是美德的時候。一個土匪吃力地爬上山嶺，跪在聖人面前說：「啊，聖人，請你解脫我的罪過，我罪孽深重。」

聖人答道：「我的罪孽也同樣深重。」

土匪說：「但我是盜賊，還是個殺人犯。」

聖人說：「我也是盜賊，也是個殺人犯。」

土匪說：「我犯下了無數的罪行。」

聖人回答：「我犯下的罪行也無法計算。」

土匪站了起來，他兩眼盯著聖人，露出一種奇怪的神色。然後他就離開了他們，連蹦帶跳地跑下山去。

年輕人轉身去問聖人。

「你為何給自己加上莫須有的罪名？你沒有看見此人走時已對你失去信任？」

聖人說道：「是的，他已不再信任我，但他走時畢竟如釋重負。」

正在這時，他們聽見土匪在遠處引吭高歌。

只有自己去面對現實的人，才會體會到人生的百味，沒有人能幫你承受。所謂的聖人，不過是幫你遠離錯誤的普通人。痛苦和快樂只有自己才知道，無需他人幫助。

溫情罰款

有一位員警是自行車的愛好者。一天清早，他在大街上巡邏，突然發現一輛自行車飛速向他駛來，他下意識地拿出測速儀，開始測定他的速度有沒有違反交通規則。

騎自行車的人根本就沒發現員警在測他的速度，他像一匹野馬一樣衝過來。

測速儀顯示的速度已經超過了限定的速度，他違規了！員警這麼一想，覺得不對，天哪！他測出的竟然是汽車的速度，也就是說，這個自行車手的速度超過了汽車。他嚇了一跳，他有點不相信一個人可以把自行車騎得像汽車一樣快。

他把那個騎車人攔下，車手是一位十五六歲的學生。員警告訴他違反了交通規則，並且要對他進行罰款。員警讓學生說出他的學校或家庭住址，否則要對他進行重罰。那學生說出他騎快車的理由，因為他要趕去上學，不然他就要遲到了。員警聽了這話，想了想笑著對學生說：「那麼，你先去上學，以後我會與你聯繫。」

不久，那個孩子的學校接到一封信，信是來自哥本哈根最著名的自行車俱樂部，這個俱樂部曾經培養過許多優秀的自行車運動員。

信中說，歡迎那個叫斯卡斯代爾的孩子參加他們的俱樂部，他們將為他提供一切訓練條件，信中還夾寄著一張員警測定的車速。

學校有些驚訝，他們鼓勵孩子參加自行車俱樂部。

四年後，斯卡斯代爾成為丹麥自行車的冠軍，並在奧運會上拿到自行車運動項目上的第一塊金牌。

這張「罰單」無疑是溫情的，是充滿了洞察和仁愛之心的，正因為如此，才發現了一位運動天才，改變了少年的一生。

許多時候，我們缺乏的就是這種溫情和憐愛。

得與失

一個猶太富翁，在一次大買賣中虧光了所有的錢並且欠下了一大筆債。他賣掉了自己所有的東西才還清債務。

此時，他年事已高，孤獨一人，窮困潦倒，唯有一隻心愛的獵狗與他相依為命。在一個大雪紛飛的冬夜，他來到一座荒僻的村莊，找到一個避風的窩棚。他看到裡面有一盞油燈，就用身上僅存的一根火柴點燃了油燈。但一陣風把燈吹熄了，四周立刻又漆黑一片。

孤獨的老人陷入了黑暗之中，對人生他感到痛徹的絕望，甚至想結束自己的生命。但站在身邊的獵狗給了他一絲慰藉，他無奈地歎了一口氣沉沉睡去。

第二天醒來，他發現心愛的獵狗也被野獸咬死在門外。撫摸著這隻相依為命的獵狗，他決定結束自己的生命，他覺得這世間再也沒有什麼值得留戀了。於是，他想最後再看一眼周圍的世界，然後自盡。

他走出窩棚，發現整個村莊都沉寂在一片可怕的寂靜之中。啊，太可怕了，屍體，到處是屍體，一片狼藉。顯然，這個村莊昨夜遭到了匪徒的洗劫，整個村莊一個活口也沒留下來。

正是因為燈被吹滅，狗被咬死，他才沒被匪徒發現。看到這可怕的場面，老人不由心念急轉，啊！我是這裡唯一倖存的人。

此時，一輪紅日冉冉升起，照得四周一片光亮。老人欣慰地想：我是村莊裡唯一的倖存者，我沒有理由不珍惜自己。雖然我失去了心愛的獵狗，但是，我得到了生命，這才是人生最寶貴的。

老人懷著堅定的信念，迎著燦爛的太陽又出發了。

每個人都會碰到挫折和失敗，當你為之痛苦時，你已得到人生的真諦和經驗，人生不過是得與失所串連起來的，心平氣和你就會發現，也許你不是處境最壞的一個人。

取暖的猴子

動物園從內蒙古購回一批草原狼，兩隻小狼一時無處可放，一名飼養員突發奇想，竟將小狼關進了猴子的大籠子裡。小狼雖然很小，但牠畢竟是狼，所以開始的時候，牠們那尖牙利齒的樣子，嚇得猴子尖聲叫著爬到籠子頂上躲了起來。當小狼長大一點時，就想對著猴子耍威風，牠們跳起來，卻搆不著躲在籠頂上的猴子。兩隻漸漸長大的狼，儘管總在跳，但卻一直無法用自己尖利的牙齒咬住猴子。

聰明的猴子，發現了狼的這個弱點，就開始向狼發起進攻。牠們一有機會，就突然跳下來，對著狼身上咬兩口，咬完就縱身一跳，跳到籠頂上躲起來。如此多次反覆，見狼無計可施，猴子的膽子也就大了起來。牠們弄得兩隻狼不敢安心睡覺，食物也不能安心吃下去，萬般無奈，兩隻狼只好向兩隻猴子「俯首稱臣」。

從此，遊客給的食物，狼休想得到；猴子心情煩躁的時候，就拿狼出氣；更有意思的是，到天冷了，猴子還要睡在狼的懷裡取暖。狼稍有不從，便會遭到猴子的毒打，有一隻狼的耳朵都被猴子抓裂了。

猴子發現了狼的弱點，並且避開了自己的弱點，狼改不掉自己的弱點，便只好在猴子面前變得跟小綿羊一樣逆來順受，軟弱可欺，任牠蹂躪。

有些情況下，人們拿自己的弱點是沒有辦法的。一旦優勢不復存在，就會像這兩隻狼，受盡猴子的欺負。聰明的人，必須學會在特定環境下及時克服自身的弱點，同時，也別忘了發現對方的弱點。

揚子江的渡船

乾隆問金山寺住持說：「揚子江一天裡有幾艘船經過？」

住持態度輕鬆地說：「不多不少，只有兩艘船。」

乾隆急切地問：「經過的船不是很多嗎？怎麼只有兩艘？」

住持指了指江心說：「施主你有所不知，雖然經過的船很多，可是哪一艘船不是為了名和利而開？」

乾隆似乎有感而發：「真是可惜！眾生最需要的船，卻沒有人開。」

眾生最需要什麼船？眾生需要的是承載著愛的船。世間眾生缺乏的是愛，早被名利羈絆而疏忽了的也是愛，只要我們學會舉手投足之間充滿了愛意，那麼，世界就會更美麗。

撈魚的哲學

在市集上，有一個老人擺了個撈魚的攤子，向有意撈魚者提供漁網，人們可以隨意地從盆中撈魚，而撈起來的魚歸撈魚人所有。當然世界上沒有如此便宜的事情，那個漁網很容易破碎。

有一天，一個年輕的大學生來到這裡，也蹲下去撈起魚來，他一連撈碎了三張網，一條小魚也未撈到，心中十分懊惱。他見老人瞇著眼看自己，似乎在竊笑自己的愚蠢，便不耐煩地說：「老闆，你這網子做得太薄了，幾乎一碰到水就破了，那些魚怎麼撈得起來呢？」

老人回答：「年輕人，你怎麼不想想？當你想要撈起魚時，你打量過你手中的漁網是否真有那能耐嗎？有追求不是件壞事，但是也要懂得瞭解你自己有沒有那個實力！」

「可是我還是覺得你的網太薄，根本就撈不起魚。」

老人沒有說話，接過大學生手中的漁網，一會兒就撈起來一條活蹦亂跳的小魚。

「年輕人，你還不懂撈魚的哲學！這和人們追求事業、愛情和金錢是同一個道理。

當沉迷於一個目標的時候，要衡量自己的實力！不要好高騖遠。」

人生需要目標，但不切實際的目標會使自己困頓而無所得，失望也就隨之而來。況且，在追求目標的同時，也要衡量一下自己的能力。

穿件紅衣服

美國鋼鐵大王卡內基小的時候家裡很窮，有一天，他放學回家時經過一個工地，看到一個穿著華麗、像老闆模樣的人在那兒指揮。

「請問你們在蓋什麼？」他走上前去問那位老闆模樣的人。

「要蓋個摩天大樓，給我的百貨公司和其他公司使用。」那人說道。

「我長大後要怎樣才能像你這樣？」卡內基用羨慕的口吻說道。

「第一要勤奮工作……」

「這我早知道了，老生常談，那第二呢？」

「買件紅衣服穿！」

「這……這和成功有關？」聰明的卡內基滿臉狐疑。

「有啊！」那人順手指了指前面的工人說道，「你看他們都是我的手下，但都穿清一色的藍衣服，所以我一個也不認識……」

說完他又特別指向其中一位工人：「但你看那個穿紅襯衫的工人，我長時間注意到他，他的身手和其他人差不多，但是我認識他，所以過幾天我會請他做我的副手。」

在千篇一律的環境下，你需要的是與眾不同，亮出你的優點，亮出你的獨特之處，這樣才更容易被成功發現。

旅人過河

有一個人出外旅行，來到一條水流湍急的河邊，他站在那裡束手無策。有一個住在附近的人，看到他遭遇困難，就走過來，很爽快地把他扛在肩上，送到對岸。

由於這人沒有什麼錢，不能給那個好心人適當的報酬，他站在河邊，覺得很過意不去，但正當他心裡這樣想的時候，看到那個人又回到對岸，繼續把不能過河的人送了過來。

於是，他走到那人身邊說：「現在我已經不再感激你了。根據我的觀察，你有幫助任何人渡河的癖好。」

可是當他回來的時候，那人卻不再背他過河了。

要學會對幫助過你的人心存感激，並盡力幫助別人。不要視別人幫助為理所當然，這樣，以後就沒人願意幫你了。

「名人」與「自己」

人一出名，蓬蓽生輝。

有位書畫家，以其精湛的藝術造詣而聞名海內外。雖然他不喜歡張揚，從不炫耀自己，但總有好事者為他編造美麗動人的故事。特別是那些收藏他字畫的商人，更是天花亂墜地對他進行吹捧和包裝，說他出生於書香世家，是唐伯虎的第幾代傳人；小時候聰慧過人，是個一目十行、過目不忘的神童……簡直把他吹得神乎其神。

畫家聽後，真是哭笑不得。起初，他只是一笑置之。但隨著知名度增高，美麗的謊言也越編越離奇，連他自己都不認識自己了。

有一天，有關單位專門為他召開一個藝術研討會。在會上，與會者又異口同聲地對他進行吹捧。此時，畫家再也無法保持沉默了，他感到有責任講明真相以正視聽，於是他對大家說：「我小時候並非神童，呆頭呆腦，人稱二呆子……」

「真是偉人的謙虛。」畫家剛一開口，下面便發出讚歎聲。

「我並非出生於書香世家，而是出生於農民家庭，父母連字也不識一個……」

「文盲的父母竟能培養出一個天才，這是歷史奇蹟！」台下又有人高聲讚歎起來。

「我與名畫家唐伯虎的後裔相差十萬八千里，我的祖先沒有出過一個畫家，倒是曾出過一個打家劫舍的土匪……」

「祖先上的事離得那麼遙遠，不提也罷。」有人連忙制止畫家繼續說下去。

「土匪家裡出了名人，正是可喜的事；名人家裡出了土匪，那才是可恥的事。怎麼能不提呢？」畫家毫不在乎地說。

「很有哲理！很有哲理！」頓時，會場爆發出雷鳴般的掌聲！

此後，在書畫家的頭銜前面，又多了一頂哲學家的桂冠。

誰叫他是名人呢？人一變成「名人」，「自己」就消失了。

一個「名人」羞愧的事情越多，他的名聲就越大。

做名人也挺難的。好事一大堆，都分不清自己到底是誰了，但是要是緋聞或醜聞纏身也夠麻煩的，真不如在家待著自在。可是，又是什麼把「名人」變了樣呢？這就值得品味了。

先爬出來的小龜

旅行者和一個生物學家嚮導，結隊到達南太平洋的加拉巴哥島。那個海島上有許多太平洋綠海龜用來孵化小龜的巢穴，他們想實地觀察一下幼龜是怎樣離巢進入大海的。

太平洋綠龜的體重約一百五十公斤，幼龜不及牠的百分之一，幼龜一般在四五月間離巢而出，爭先恐後爬向大海。只是從龜巢到大海需要經過一段不短的沙灘。稍不留神便可能成為鷹等食肉鳥的食物。

那天上島時，已近黃昏，他們很快就發現一處大龜巢，突然，一隻幼龜率先把頭探出巢穴，卻又欲出而止，似乎在偵察外面是否安全。正當幼龜躑躅不前時，一隻鷹突然衝了下來，牠用尖嘴啄龜的頭，企圖把牠拉到沙灘上去。

旅行者們緊張地看著眼前的一幕，其中一位焦急地問嚮導：「你得想想辦法啊！」嚮導卻若無其事地答：「叼就叼去吧，自然之道，就是這樣。」

嚮導的冷淡，招來了旅行者們一片「不能見死不救」的指責。嚮導極不情願地抱起小龜，把牠引向大海。

然而接著發生的事卻使他們極為震驚——嚮導抱走幼龜不久，成群的幼龜從巢口魚貫而出——那隻原來是龜群的「偵察兵」！一旦遇到危險，牠便會返回龜巢。現在做偵察的幼龜被引向大海，巢中的幼龜得到錯誤資訊，以為外面很安全，於是爭先恐後地結伴而行。

沙灘上無遮無擋，很快引來許多食肉鳥，牠們確實可以飽餐一頓了。

「天啊！」有個旅行者說，「看我們做了些什麼！」

這時，數十隻幼龜已成了鷹、海鷗的口中之物，嚮導趕緊脫下頭上的棒球帽，迅速抓起數十隻幼龜，放進帽中，向海邊奔去。旅行者也學著他的樣子，氣喘吁吁地來回奔跑，算是對自己過錯的一種補救吧。

看著數十隻食肉鳥吃得飽飽的，發出歡樂的叫聲，旅行者們都低垂著頭，嚮導發出悲歎：「如果不是我們人類，這些海龜根本不會受到危害。」

別以為自己是救世主，是活菩薩。有時候，不必去管，萬事萬物都有其道理，干涉了，反而壞事，是自作聰明。

依舊玫瑰飄香

在二十世紀初，一家日本移民到了美國的三藩市。這裡氣候宜人，土地肥沃。他們整出一塊地做苗圃，種植玫瑰花。花兒長得很好，他們每週三次開著小貨車將花卉送到市場去賣，生意挺不錯。

不久，一個來自瑞士的移民家庭做了他們的鄰居。這家人也整出了一塊地，種植玫瑰花，並拿到市場去賣，生意也很好。兩家的玫瑰花在三藩市市場都是出了名的。兩家人和睦相處，做了四十年的鄰居。父母老了，兒子們接替了他們的工作。

但在一九四一年九月七日，日本偷襲了珍珠港，美國對日宣戰。美國公佈了《戰時安全法》，將日本僑民全部清查並拘留。這家日本人的後代雖已成了美國公民，但因其老父親仍保留了自己的國籍，所以也沒能例外。

在這家日本人被遣送前，他們的鄰居前來探望並說：「別擔心，我們一定會照顧好你家的苗圃。」

這家日本人被送到科羅拉多州哥瑞納達的一片荒蕪的山丘，住進了油氈頂的簡陋房子，在空蕩蕩的大院子四周，是鐵絲網和持槍的哨兵。

一年、兩年、三年過去了，他們的鄰居一直在苗圃裡耕耘，孩子們放學後都要去苗圃鬆土、澆水；為了照看好兩個大苗圃，孩子們的父親每天要工作十幾個小時……

終於有一天，在一九四五年五月，德國人投降了，二戰就要結束了，這家日本人收拾了簡單的行裝，登上了回家的火車。

在火車站，手捧鮮花的老鄰居一家人滿面笑容地迎接他們。當他們接近自己幾年沒見的苗圃時，一股花香撲鼻而來；這家日本人嚇了一跳，苗圃仍像當年那樣花朵豔麗，土地鬆軟濕潤，無數的蜜蜂在花叢中飛舞。

他們的家中仍是那樣一塵不染，在餐桌上，一大瓶含苞欲放的紅玫瑰散發出醉人的幽香……

快樂在於心裡，把心敞開，快樂就會來到，即使時間再久。

「幸逢三杯酒美，況逢一朵花新？」依舊有玫瑰飄香，依然有陽光普照，人生應當快樂，應該相信和享受快樂。

種子的力量

有這樣一個故事。

有人問：世界上什麼東西的力氣最大？答案紛紜得很，有人說是大象，有人說是獅子，有人開玩笑似的說是金剛。金剛有多少力氣，當然大家都不知道。

結果，這一切答案可以顯現出來的力氣，簡直是超越一切的。

這又是另一個故事。

人的頭蓋骨結合得非常緻密，堅固。生理學家和解剖學家用盡了一切的方法，要把它完整地分開來，都沒有成功。後來忽然有人發明了一個方法，就是把一些植物的種子放在要剖析的頭蓋骨裡，給予溫度和濕度，使種子發芽。一發芽，這些種子便以可怕的力量，將一切機械力所不能分開的骨骼，完整地分開了。植物種子力量之大如此。

這也許特殊了一點，常人不容易理解。那麼，你見過被壓在瓦礫和石塊下的一棵小草的生成嗎？它為了迎向陽光，為著達成它的生命意志，不管上面的石塊如何重，石塊與石塊之間如何狹，它總要曲曲折折地，但是頑強不屈地鑽到地面上來。它的根往土裡鑽，它的芽往上面挺，這是一種不可抗拒的力，阻止它的石塊結果也被掀翻。一粒種子力量之大如此。

沒有一個人將小草叫做大力士，但是它的力量之大，的確世界無比。這種力是一般人看不見的生命力。只要生命存在，這種力量就要顯現，上面的石塊絲毫不能阻擋它，因為這是一種「長期抗戰」的力，有彈性——能屈能伸的力，有韌性——不達目的不止的力。

如果不落在肥土中而落在瓦礫中，有生命的種子決不會悲觀歎氣，它相信有了阻力才有磨煉。生命開始的一瞬間就帶著鬥志而來的草才是堅韌的草，也只有這種草，才可以對那些玻璃棚中養育的盆花嗤笑。

種子的力量究竟有多大？答案是驚人的。這種力量在於不管多麼曲折和艱難，都頑強奮鬥，不達目的不甘休，人也應該一樣，做頑強的小草，迎難而上。

現在就去做

「等我有錢了，一定要讓我爸我媽過好日子，讓他們去旅遊，讓他們……」許多孝順父母的年輕人這樣說，說的時候充滿了期待和自豪。

不知你是否聽過這樣一句古話：樹欲靜而風不止，子欲養而親不待。很多人都有這樣的經歷：父母為了把我們養大成人，供我們上學深造等等，含辛茹苦，捨不得吃，捨不得穿，千方百計地保證我們的日常開支。年幼的我們曾多少次在心底暗暗發誓：等我們長大，等我們學有所成，一定要讓他們過上好日子，一定要好好報答他們。

物換星移，當年的苦孩子已然大學畢業步入工作崗位了，他要結婚，要買房，要買車，要買電器，他也有了自己的小孩子，要給孩子賺學費……生活陷入新的一輪迴圈之中。而且好像雖然自己已經努力了，可是還是跟人家有不小的距離。

在不斷的忙碌之中，他忽視了遠在老家或退休住在城市另一個角落的雙親，他沒注意到他們的白髮皺紋，沒注意到他們日益彎下的身軀，沒注意到他們還有什麼要求和想法。也許，他還在想：等我再有些錢，有些閒錢，就請他們上大飯店好好吃一頓，讓他們出去旅遊，給他們買個大電視……

在你賺這些「閒錢」的過程中，忽然有一天，你發現這些錢已無法再花費出去了，你的父母已經不需要了。他們或者已不能再去吃海鮮，也許已不能再去旅遊，也許已不能再坐起來看電視……也許他們已走了，永遠地離你而去。

有一種痛，永遠無法彌補；有一種傷口，永遠無法癒合。已是耄耋之年的老人，在內心的深處，仍深深地感受著那永難彌補的苦痛：子欲養而親不待啊！

其實，也許為人父母者根本就沒期望從子女這裡收穫多少回報，他們只是憑本分、良心為我們做了一切，只是希望子女有出息，活得比自己強而已。也許我們終生都難以賺取足夠讓我們快意的金錢，但這並不是回報父母的唯一方式。也許我們可以常回家看看；也許我們可以量力而行，花少許的錢讓他們做一次短途旅遊；也許在人有限的生命裡，有些事不能等待以後，對父母更是如此。

「子欲養而親不待」，為了減少你心裡的遺憾，從現在開始做吧！別再等了！

孝就是平時的關心問候、溝通，孝就是讓父母開心，讓父母別操心，趁自己想到就去做的事情。別再等了！有些事經不起等待，正如風兒吹過，再也不見蹤影。

水泡做的花環

從前有一個國王，後宮的后妃為他生了一群白白胖胖的王子。好不容易，他最寵愛的妃子終於為他生了一位美麗的公主。國王非常疼愛小公主，視如掌上明珠，捨不得稍加訓責，凡是公主所要求的東西，國王從來不會拒絕，就是天上的星星，國王也恨不得攀登太空，為公主摘下來，點綴為彩衣。

公主在國王的呵護縱容下，慢慢成長為豆蔻年華的少女，漸漸懂得裝扮自己。有一天，春雨初霽的午後，公主帶著婢女徜徉於宮中花園，只見樹枝上的花朵，經過雨水的潤澤，花苞上掛著幾滴雨珠，顯得愈發的妖豔；蓊郁的樹木，翠綠得逼人眼睛。公主正在欣賞雨後的景致，忽然目光被荷花池中的奇觀所吸引住了。原來池水熱氣經過蒸發，正冒出一顆顆狀如琉璃珍珠的水泡，渾圓晶瑩，閃耀奪目。

公主入神忘我，突發異想：「如果把這些水泡串成花環，戴在頭髮上，一定美麗極了！」

打定主意，於是叫婢女把水泡撈上來，但婢女的手一觸及水泡，水泡便破滅無影。

折騰了半天，公主在池邊等得憤憤不悅，婢女在池裡撈得心急如焚。

公主終於氣憤難忍，一怒之下，便跑回宮中，把國王拉到池畔，對著一池閃閃發光的水泡說：「父王！你一向是最疼愛我的，我要什麼東西，你都依著我。女兒想要把池裡的水泡串成花環，作為裝飾，你說好不好？」

「傻孩子！水泡雖然好看，終究是虛幻不實的東西，怎麼可能做成花環呢？父王另外給你找珍珠水晶，一定比水泡還要美麗！」國王無限憐愛地看著女兒。

「不要！不要！我只要水泡花環，我不要什麼珍珠水晶。如果你不給我，我就不想活了。」公主驕縱撒野地哭鬧著。

束手無策的國王只好把朝中的大臣們集合於花園，憂心忡忡地商議道：「各位大臣們！你們號稱是本國的奇工巧匠，在你們之中如果有人能夠以奇異的技藝，以池中的水泡，為公主紡織美麗的花環，我便重重獎賞。」

「報告陛下！水泡？那生滅，觸摸即破，怎麼能夠拿來做花環呢？」大臣們面面相覷，不知如何是好。

「哼！這麼簡單的事，你們都無法辦到，我平日如何善待你們？如果無法滿足我女兒的心願，你們統統提頭來見。」國王盛怒地呵斥道。

「國王請息怒，我有辦法替公主做成花環。只是老臣我老眼昏花，實在分不清楚水池中的泡沫，哪一顆比較均勻圓滿，能否請公主親自挑選，交給我來編串。」一位鬚髮斑白的大臣神情篤定地打圓場。

公主聽了，興高采烈地拿起瓢子，彎起腰身，認真地舀取自己中意的水泡。本來光彩閃爍的水泡，經公主輕輕一觸摸，霎時破滅，變為泡影。

撈了老半天，公主一顆水泡也拿不起來，睿智的大臣於是慈藹地對一臉沮喪的公主說：「水泡本來就是生滅無常，不能常駐久留的東西，如果把人生的希望建立在這種虛假不實、瞬間即逝的現象上，到頭來必然空無所得。」

有夢想，人生才精彩。但是做一個不現實的、根本無法實現的夢只能是徒增煩惱，注定是無法做到的，如夢幻泡影。

想飛的賣魚郎

一位年輕人靠賣魚為生，有一天，他一面吆喝，一面環視四周，注意看是否有人來買魚。突然，一隻老鷹從空中俯衝而下，在他的魚攤叼了一條魚後立刻轉身飛向空中。

賣魚郎很生氣地大喊大叫，可是，只能無奈地看著那隻老鷹愈飛愈高、愈飛愈遠。

他氣憤地自言自語：「可惜我沒有翅膀，不能飛上天空，否則一定不放過你！」

那天他回家時，經過一座地藏廟，他就跪在地藏廟前，祈求地藏菩薩保佑他變成老鷹，能展翅飛翔於天空。

從此以後，他每天經過地藏廟，都會如此殷切地祈求。

一群年輕人看到他天天向菩薩祈求，就很好奇地相互討論，其中一人說：「這位賣魚的人，每天都希望能變成一隻老鷹，可以飛上天空。」

另一人就說：「哎喲！他傻傻地祈求，要求到何時？不如我們來作弄作弄他！」大家交頭接耳，想了一個方法要欺負他。

第二天，其中一位年輕人先躲在地藏菩薩像的後面。

賣魚郎來了，照樣虔誠地祈求、禮拜。

這時，躲在菩薩像後面的那位年輕人說：「你求得這麼虔誠，我要滿足你的願望，你可以到村內找一棵最高的樹，然後爬到樹上試試看。」

賣魚郎以為真的聽到地藏菩薩的指示，非常的開心，趕快跑進村裡找到一棵最高的樹，然後爬到樹上。

那棵樹實在太高了。他愈往上爬，愈覺得擔心。

他爬上樹頂，向下看——「哇！這麼高！我真的能飛嗎？」

那群年輕人也跟著來看，他們在樹下故意七嘴八舌地喊道：「你們看，樹上好像有一隻大老鷹，不知道牠會不會飛？」

「既然是老鷹，一定會飛嘛！」

賣魚郎心裡很高興，他想：我果然已變成一隻老鷹了！

既然是老鷹，哪有不會飛的呢？

於是展開雙手，擺出展翅欲飛的架勢，從樹頂跳下去。

可是，怎麼不是向上飛，而是向下墜落呢？好怕啊！但是已經來不及了。

幸好，他落在泥漿地上，陷入爛泥巴和水草之中，只受到輕傷。

那些年輕人跑過來，幸災樂禍地取笑他。

他說：「你們笑什麼？我只是兩隻翅膀跌斷了，不是飛不起來啊！」

做事之前要想想是不是現實，可不可以避免愚蠢的行動。可以避免的，非要硬碰，只能是貽笑眾人。

人生之路

一座泥像立在路邊，歷經風吹雨打。他多麼想找個地方避避風雨，然而他無法動彈，也無法呼喊。他十分地羨慕人類，覺得做一個活生生的人真好，可以無憂無慮、自由自在地到處閒遊。他決定抓住一切機會，向人類呼救。

這天，一個神仙路過此地，泥像用他的神情向神仙發出呼救。

「老人家，請讓我變成個人吧！」泥像說。

神仙看了看泥像，笑了笑，手臂一揮，泥像真的變成了一個活生生的青年。「你要想變成個人可以，但是你必須先跟我試走一下人生之路，假如你承受不了人生的痛苦，我馬上可以把你還原。」神仙說。

於是，青年跟隨神仙來到一個懸崖邊。

只見兩座懸崖遙遙相對，此崖為「生」，彼崖為「死」，中間由一條長長的鐵索橋連接著。這座鐵索橋又由一個個大小不一的鐵環串聯而成。

「現在，請你從此岸走向彼岸吧！」神仙一拂，已經將青年推上了鐵索橋。

青年戰戰兢兢，踩著一個個大小不同鏈環的邊緣前行，然而，一不小心，一下子跌進了一個鐵環之中，頓時兩腿失去了支撐，胸口被鏈環卡得幾乎透不過氣來。

「啊！好痛苦呀！快救命呀！」青年揮動雙臂，大聲呼救。

「請君自救吧。在這條路上，能夠救你的，只有你自己。」神仙在前方微笑著說。

青年扭動身軀，拼死掙扎，好不容易才從痛苦之環中解脫出來。

「你是個什麼鏈環，為何卡得我如此痛苦？」青年憤然道。

「我是名利之環。」腳下的鏈環答道。

青年繼續朝前走。忽然，隱約間，一個絕色美女朝青年嫣然一笑，青年飄然走神，腳下一滑，又跌入一個環中，被鏈環死死卡住。

「救……救命呀！好痛呀！」青年驚恐地再次呼救。

可是四周一片寂靜，沒人回答他，更沒人來救他。

這時神仙再次在前方出現，他微笑著緩緩道：

「在這條路上，沒有人可以救你，只有你自己自救。」

青年拼盡全力，總算從這個環中掙扎了出來，然而他已累得精疲力竭，便坐在兩個鏈環間小憩。

「剛才這是個什麼痛苦之環呢？」青年想。

「我是美色鏈環。」腳下的鏈環答道。

經過一陣輕鬆的休息後，青年頓覺神清氣爽，心中充滿幸福愉快的感覺，他為自己終於從鏈環中掙扎出來而慶幸。

青年繼續向前趕路。

然而料想不到的是，他接著又掉進了貪欲的鏈環、妒忌的鏈環、仇恨的鏈環……待他從這一個個痛苦之環中掙扎出來，青年已經沒有力氣再走下去了。抬頭望望，前面還有漫長的一段路，他再也沒有勇氣走下去了。

「老人家！老人家！我不想再走人生之路了，你還是帶我回到原來的地方吧。」青年呼喚著。

神仙出現了，手臂一揮，青年便又回到了路邊。

「人生雖然有許多的痛苦，但也有戰勝痛苦之後的歡樂和輕鬆，你難道真願放棄人生嗎？」神仙問道。

「人生之路痛苦太多，歡樂和愉快太短暫太少了，我決定放棄人生，還是去做我的泥像吧！」青年毫不猶豫。

神仙長袖一揮，青年又還原為一尊泥像。「我從此再也不必受人世的痛苦了。」泥像想。

然而不久，泥像便被一場大雨沖成了一堆爛泥。

人生本來就有很多痛苦，做人本不容易。但是，戰勝了痛苦、災難，就會迎來快樂。面對人生，要做好應對痛苦的準備，才能走好每一步。

兩面鏡子

有兩件事，我認為可以作為我們生活中的鏡子，其中一件是老外幹的，另一件也是老外幹的。我把它們分述如下。

第一件事：武漢市鄱陽街有座建於一九一七年的六層樓房，該樓的設計者是英國的一家建築設計事務所。二十世紀末，也即那座叫做「景明大樓」的樓宇在漫漫歲月中度過了八十個春秋後的某一天，它的設計者遠隔萬里，給這一大樓的業主寄來一份函件。函件告知：景明大樓為本事務所在一九一七年所設計，設計年限為八十年，現已超期服役，敬請業主注意。

真是聞所未聞！八十年前蓋的樓房，不要說設計者，連當年施工的人，也不會有一個在世了吧？然而，至今竟然還有人為它的安危操心！操這份心的；竟然是它最初的設計者，一個異國的建築設計事務所！是怎樣的一種因素（體制？崗位責任制？金錢的誘惑？鐵的紀律？敬業精神？個人品德？還是一種文化傳統、一種日常的共同遵守的生活準則？）使一個人、一群人、一個在時空中更新換代了數人的機構，雖經近一個世紀的變遷，仍然守著一份責任、一個承諾？

第二件事：在東北地區濱洲鐵路穿越小興安嶺那條最長的隧道的山頂，有一座方方的石碑，那裡長眠著一位異國的工程師。這位工程師曾負責這條隧道的設計。當工程進度由於意外沒有按照預定時間打通時，這位工程師開槍自殺了！她以自殺來抵補自己的失職和恥辱。

這種自責方式對我們來說也許太陌生了。我們太習慣於在失敗前尋找「客觀原因」了，我們也太習慣於在失誤面前為自己開脫了。一個肩上負有責任的人，出了天大的責任事故，別說引咎自殺，辭職謝罪也少有。一位異國女工程師噴灑著鮮血的自責行為，讓我異常分明地看到了我們靈魂中的暗點。

以上兩個故事，應該當做我們永不丟棄的鏡子，既照言行，也照內心，這兩面鏡子應該送給所有有自省精神的人。

面對責任，面對過失，都應該勇敢地面對和承擔。人應該充滿自省和自責的精神，內心和言行應該一致，才會洗掉心靈的污點，從而勇敢地去生活、去工作。

傷痕

那年，他和她都讀國三，也許是瓊瑤小說看得太多，他倆竟偷偷地相愛了。但中學生談戀愛是不允許的，他倆只能小心翼翼地交往。儘管如此，有關他和她的事還是在班上流傳開來。

他有些害怕，因為那時老師已準備保送他上明星學校。有一天，他用粉筆在壁報上寫了一篇文章，雖未指名道姓，卻是指桑罵槐地影射她自作多情。

班上同學見了後，都似乎恍然大悟，原來是她在糾纏他啊！他能夠站穩立場，這不更加反襯出他的思想高尚嗎？而她沒有分辯，只是臉色慘白得嚇人。

但那篇文章很快就被人擦掉了，不知道是誰。

他終於如願以償地上了明星學校。

畢業那年，他開始意識到因為自己年少懵懂而犯下的錯。

他寫信請她原諒，他還告訴她，那篇只保存了幾個小時的文章，其實是他用黑板刷擦掉的。

她回信了，只有幾句話：「有一種傷痕是永遠也擦不掉的，那就是愛的傷痕！因為它深深地刻在心裡，並且隨著人生的漸老而一觸即痛。」

什麼傷痕是看不見的，卻又是歷久而不能彌合的呢？恐怕只有精神上、心靈上的吧。心裡的傷痕永遠是擦不掉的，請善待、呵護自己的心靈。

生命的價值

有一個生長在孤兒院的小男孩，常常悲觀地問院長：「像我這樣的沒人要的孩子，活著究竟有什麼意思呢？」

院長總笑而不答。

有一天，院長交給男孩一塊石頭，說：「明天早上，你拿這塊石頭到市場上去賣，但不是『真賣』，記住，無論別人出多少錢，絕對不能賣。」

第二天，男孩拿著石頭蹲在市場的角落，意外地發現有不少人好奇地對他的石頭感興趣，而且價錢愈出愈高。

回到院內，男孩興奮地向院長報告。院長笑笑，要他明天拿到黃金市場去賣。在黃金市場上，有人出比昨天高十倍的價錢來買這塊石頭。

最後，院長叫孩子把石頭拿到寶石市場上去展示，結果，石頭的身價又漲了十倍，更由於男孩怎麼都不賣，竟被傳揚為「稀世珍寶」。

男孩興沖沖地捧著石頭回到孤兒院，把這一切告訴給院長，並問為什麼會這樣。

院長沒有笑，望著孩子慢慢說道：「生命的價值就像這塊石頭一樣，在不同的環境下就會有不同的意義。一塊不起眼的石頭，由於你的珍惜、惜售而提升了它的價值，竟被傳為稀世珍寶。你不就像這塊石頭一樣？只要自己看重自己，自我珍惜，生命就有意義，有價值。」

自己到底價值多少？只有自己知道。自己要看得起自己，自己是唯一的，珍惜自己的光陰和才華，去創造自己的人生，使自己的價值得以表現，使別人得以認同。

仇人幫忙

年幼時，父親跟別人打架，雙方都掛彩。晚上，趁著月光，為了報仇，他去拔光了別人家已帶了花的辣椒苗。幾天後的夜晚，他家一塊已齊腰的玉米苗被別人全部斬斷。拔光別人家的辣椒苗後，回家來向奶奶表功討賞，一向仁慈的奶奶抓了一根棍子劈頭蓋臉地朝他一陣猛打，直到他答應每次見到跟他家有「仇」的人，該叫爺的都要叫爺，該叫嬸的都要叫嬸。秋後建房，他爹被石頭砸了腳，可是「上樑」的那天，很多跟他家有「仇」的人都來幫忙，看到他母親一臉內疚，他們說：「娃兒平時喊人喊得可好，不看大人面，也看娃兒面。」

人是相互作用的，你表現出一分敵意，他有可能還以二分，然後你則遞增為三分，他又還回來六分……把敵意換成善意，你會有多麼大的收穫。

恩怨之間，不分大小，一味糾纏，只會欲罷不能。人心換人心，善意化解惡意，自然會冰釋前嫌。

可憐的老頭

哈佛大學校長到北京大學訪問時，講了一段自己的親身經歷。有一年，校長向學校請了三個月的假，然後告訴自己的家人，不要問我去什麼地方，我每個星期都會給家裡打個電話，報個平安。校長一人去了美國南部的農村，嘗試著過一種全新的生活。

在農村，他到農場去工作，去飯店洗盤子。在田地做工時，背著老闆吸支菸，或和自己的工友偷偷說幾句話，都讓他有一種前所未有的愉悅。最有趣的是最後他在一家餐廳找到一份洗盤子的工作，洗了四個小時後，老闆把他叫來，跟他結帳。

老闆對他說：「可憐的老頭，你洗盤子太慢了，你被解雇了。」

「可憐的老頭」重新回到哈佛，回到自己熟悉的工作環境後，卻覺得以往再熟悉不過的東西都變得新鮮有趣起來，工作成為一種全新的享受。

回到內心的原始狀態，拋卻和清除心頭積壓的「垃圾」，使眼中的世界富有生趣，頗具禪機——人應該時時將心靈解放出來，去看待這美好的世界。

名醫療法

葉天士是明末清初名醫。

一天，一病人雙目紅腫，淚流不止，神情憂慮，前來就醫。葉天士詳診細察，詢問了發病經過後，說：「依我看，你這眼病只需幾帖藥便能治好，但眼病醫好七天後，你的兩隻腳心會長出惡瘡，那倒是關乎性命的。」

病人大驚，懇求治療。

葉天士告訴他：「唯有一法，你當按法而行，即每天睡前和晨起後，用手搓兩腳心各三百六十次，一次不少，如此堅持，方能渡過難關。」病人對大名醫葉天士的話深信不疑，便誠心誠意地依法而行。

七天過去了，果然，眼睛好了，腳心也沒長出惡瘡，精神也顯得很清爽。

病人去向葉天士求教道謝。

葉天士笑著告訴他：「你的眼病其實是憂慮所至。用些藥，你不去想它自然會好。但你這人心事較重，且眼睛疼痛不由你不想。我說要長危乎性命的惡瘡，你自然就不去注意眼睛了，揉搓腳心只不過是降火定神、補腎強身。這樣注意力轉移了，心病一去，眼病也就好了。」

心病還須心來醫，表面的症狀正反映內心的狀態。名醫治病，向來不拘成規，那麼，人生是不是也應該放開去想事情呢？畢竟，頭痛醫頭、腳痛醫腳是權宜之計。

Chapter 03

人生需要沉澱

哈雷姆失業後，心情糟透了。為了排解心中的苦悶，他找到了鎮上的牧師。牧師聽完了哈雷姆的訴說，把他帶進一個古舊的小屋，屋子裡唯一的一張桌上放著一杯水。牧師微笑著說：「你看這只杯子，它已經放在這兒很久了，幾乎每天都有灰塵落在裡面，但它依然澄清透明。你知道是為什麼嗎？」哈雷姆認真思索，像是要看穿這杯子。他忽然說：「我懂了，所有的灰塵都沉澱到杯底了。」牧師贊同地點頭：「年輕人，生活中煩心的事很多，有些你越想忘掉越不易忘掉，那就記住它好了。就像這杯水，如果你厭惡地振盪自己，會使整杯水都不得安寧，混濁一片，這是多麼愚蠢的行為。而如果你願意慢慢地、靜靜地讓它們沉澱下來，用寬廣的胸懷去容納它們，這樣，心靈並未因此受到污染，反而更加純淨了。」

人生正是如此，當你把苦悶放下的時候，當你學會沉澱自己的時候，你就走向了真正的成熟。

成為天才的祕密

二〇〇三年五月，美國某一著名大學在入學考試時為考生出了這樣一道題：

比爾・蓋茲的辦公桌上有五隻帶鎖的抽屜，分別貼著財富、興趣、幸福、榮譽、成功五個標籤，而比爾・蓋茲每天只帶一把鑰匙，其餘的都鎖在抽屜裡，請問他經常帶著的是哪一把鑰匙？

一位外國考生看到這個題目後，一下慌了手腳，因為他不明白出題者的真正用意，也不知道這是一道英文題還是一道數學題，所以他沒有做出任何答案。

考試結束，他去問他的一名老師。老師告訴他，那是一道智慧測試題，沒有標準的答案，每個人都可以按照自己的理解去回答此題，當然老師會根據每個人的觀點給一個合理的分數。

結果這名外國學生在這道九分的題上得了五分。雖然他沒答一個字，可說明他是誠實的，所以應該給他五分。

而另外一個學生的答案是，比爾・蓋茲帶著財富的鑰匙，結果只得到了一分。

後來，這道題透過E-mail被發到了著名的財富之神比爾・蓋茲的手裡，回函件上寫著這麼一句話：在你最感興趣的事物上，隱藏著你人生的祕密。

這就是天才的祕密，天才會選擇自己喜歡做的工作，從而認真地投入自己的激情，獲得成功、榮譽、幸福、財富；庸俗者才會選擇財富或其他。

天才的祕密在於瞭解財富、興趣、幸福、榮譽、成功間的因果關係，財富、幸福、榮譽、成功都是由興趣引起的，他們選擇興趣作為奠基石來成就自己的一切。

賺的全是快樂

小鎮裡有一對夫妻。男的在外面開了一家公司，生意很好。他沒日沒夜地忙碌，很少在家。兒子去很遠的地方讀書，幾個月才回家一次。

女人一個人在家裡，終日無所事事，日子過得不快樂。

男人想讓她快樂起來，就讓女人去親戚朋友家串串門，跟他們聊聊天，打打麻將。女人於是去親戚朋友鄰居家裡串門，聊天，打麻將。果然開心了一段時間。但話題聊完了，麻將打膩了，她又變得不開心了。

有一天，女人對男人說自己想開間花店。在女人看來，這裡還沒有人開，一定能賺錢。男人同意了，花店很快開張了。女人每天去花店做生意，她變得忙碌起來了。來買花的人很多，女人做得很開心。

可是過了幾個月，男人算了算帳，發現女人根本不是經商的料子。她經營的花店不但不賺錢，倒賠進去不少。

一個朋友問他：「你老婆的那間花店還開嗎？」

他說：「還開。」

「賺了多少？」

他笑了笑說：「錢是一分沒賺到，賺的全是快樂。」

賺快樂比賺錢更重要。這個世界就是這樣，並不是每一個人都有錢，有錢的人也不一定都快樂。然而，有錢和快樂哪一個更重要？問問自己就知道了。

把快樂帶回家

有一次，一個女人回家時在電梯鏡子裡看到一張充滿疲憊、灰暗的臉，一雙緊鎖的眉頭，下垂的嘴角，憂愁的眼睛。她自己嚇了一大跳。

於是，女人開始想，當孩子、丈夫面對這種愁苦暗沉的面孔時，會有什麼感覺？假如自己面對的也是這樣的面孔時，又會有什麼反應？接著她想到孩子在餐桌上的沉默、丈夫的冷淡，這些在她原來認為是他們不對的事實背後，隱藏的真正原因竟是自己！當時這個女人嚇出一身冷汗，為自己的疏忽。當晚女人便和丈夫長談，第二天就寫了一塊木牌釘在門上提醒自己。結果，被提醒的不只是她自己，而是一家人後來影響到整個樓的人。這塊木牌上的字很少，只有兩行：進門前，請脫去煩惱；回家時，帶快樂回來。

這是一個很有智慧、很可愛的女人。

家，應該是最舒服、安全、穩定、快樂的地方。下次你回家時，不妨先對自己說進門時先脫去煩惱，更記得要把快樂帶回家。

美景不必在遠方

有一隻挑食的小羊，十分不滿主人給牠的食物，總覺得農場主人虧待了牠，決定要自行找東西吃。牠遇見兩隻雞正愉快地吃著穀粒，但牠上前嘗了一口馬上吐出來：「好難吃！」牠說道。

不久，又看到一隻貓，正喝著牛奶；而有一隻狗，則津津有味地啃著骨頭。但那些食物，一點都不好吃，牠只聞了一下，簡直無法忍受那種怪味道。而最可怕的是看到鴨子吃蚯蚓，對牠而言，那真是恐怖殘忍的一幕，小羊趕緊跑走。在農場走了一大圈，所有動物吃的東西，牠都覺得不合胃口，甚至還感到噁心。饑腸轆轆地回到羊圈，牠才發現那些為牠預備的草料，才是天底下最美味的食物，小羊三兩下就把草料吃得精光。

別總以為美景必在遠方，其實我們身邊的東西一樣可以使我們富足快樂。某些時候，人們都有一種自以為是的慣性思維：到遠方去尋找最愛。遠方有什麼？只不過神祕一些罷了。

想得開才會過得好

心胸狹窄的人不會快樂。心胸狹窄最簡單的定義就是太過分地專注於個人的利益，而容不下別人的利益。

柯藍爾是一位著名的話劇演員，從年輕時起，她在世界戲劇舞臺上活躍了五十年之久。

但當她七十一歲在巴黎時，卻突然發現自己破產了。更糟糕的是，她在乘船橫渡大西洋時，不小心摔了一跤，腿部傷勢很嚴重，而且引發了靜脈炎。給她治病的醫生認為，必須把腿截去才能使她轉危為安。可是，醫生遲遲不敢把這個可怕的決定告訴柯藍爾，怕她忍受不了這個打擊。

可是事實證明，這位醫生想錯了。

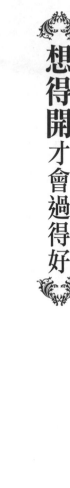

當他最後不得不把這個消息說出來時，柯藍爾注視著他，平靜地說：「既然沒有別的更好的辦法，就這麼辦吧。」

手術那天，柯藍爾高聲朗誦著戲裡的一段臺詞，毫無悲傷的神色。有人問她是否在安慰自己，她的回答是：「不。我是在安慰醫生和護士。他們太辛苦了。」

後來，柯藍爾繼續頑強地在世界各地演出，又在舞臺上工作了七年。這個充滿憂患的世界，只有一顆堅強的心才托得住。

其實人不必忘我，只要學著把這顆心一天天放得寬大，關心自己，也關心別人，便有無窮喜樂。

時間要投資才能節省

年輕的伐木工人第一天砍了十棵樹，他的斧頭銳利，而且他身強力壯、精神奕奕。第二天，他一樣地努力工作，事實上，他覺得他比第一天工作更努力，但是只砍了八棵樹。

明天，他要早一點開始，所以他提早上床睡覺，到了第三天，他盡全力地工作，但是只砍了七棵樹。

又過了一天，數目減少為五棵樹。到了第五天，他只能砍倒三棵樹，而且在黃昏之前就覺得精疲力竭。

隔天早上，他正在費力砍樹的時候，一個老人經過，問他：「你為什麼不停下來磨一磨斧頭呢？」

他回答：「沒時間，我正忙著砍樹。」

在大多數人的一生中，總有某些時候曾經像這個伐木工人一樣，因為過於沉溺於一個活動之中，而忘了應該採取必要的步驟使工作更簡單、快速。

俗話說得好，磨刀不誤砍柴工。

磨斧頭一開始犧牲的不僅是時間，還有金錢。這過程代表了買書本、錄音帶、設備以及上課等。這些投資會為你的未來節省下很多工夫。

寧做雞頭，不做鳳尾

一九一〇年，德國習性學家海因卡爾在實驗過程中發現一個十分有趣的現象：剛剛破殼而出的小鵝，會本能地跟在牠第一眼看到的自己的母親後面。但是，如果牠第一眼看到的不是自己的母親，而是其他活動物體，牠也會自動地跟隨其後。尤為重要的是，一旦這小鵝形成對某個物體的追隨反應，牠就不可能再對其他物體形成追隨反應。用專業術語來說，這種追隨反應的形成是不可逆的，而用通俗的語言來說，牠只承認第一，無視第二。

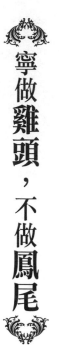

這種後來被另一位德國習性學家洛倫茲稱為「印刻效應」的現象不僅存在於低等動物裡，而且同樣存在於人類之中。幾乎所有的心理學家和社會學家都知道，人類對最初接受的資訊和最初接觸的人都留有深刻的印象，他們用「首因效應」等概念來表示人類在接受資訊時的這種特徵。於是我們發現，人類對任何堪稱「第一」的事物都具有天生的興趣並有著極強的記憶能力。

不經意地你就能列出許許多多的第一。如世界第一高峰，中國第一個皇帝，美國第一個總統，第一個登上月球的人等，可是緊隨其後的第二呢？你可能就說不上幾個。看來，人類確實像那隻小鵝那樣，承認第一，卻無視第二。

在生活中，人同樣對第一情有獨鍾，你會記住第一任老師、第一天上班、初戀等，但對第二則就沒什麼深刻的印象。

在公司中第二把手總不被人注意，除非他有可能成為第一把手；在市場上第一品牌的市場佔有率往往是第二的倍數……寧做雞頭，不做鳳尾。

活在別人陰影下，不如去另闢天地。當然這要由個人的能力而定，你如果沒有強烈的開拓能力或仍處於學步階段，那就跟在別人後邊吧，至少風險小些。

夢想與野心

一群貧窮的美國孩子，從未離開過自己生活的小鎮。但他們為了這樣的夢想而激動——「我們要周遊世界」！

這些靠救濟生活的孩子打算透過在報上刊登募捐廣告來籌集旅費。但是，高達一萬兩千美元的廣告費從何而來？沉浸在夢想中的孩子們，為實現自己的願望，開始尋找所有力所能及的雜活，比如洗車、賣報、賣花，一美分一美分地為實現夢想而賺錢……

媒體報導了孩子們的壯舉，籃球名將麥克・喬丹為之深深感動，以聖誕老人的名義給孩子們寄來了一張一萬兩千美元的支票。

孩子們精心設計的廣告終於刊登出去了，結果他們收到來自世界各地八千多封信，並且每天都有好心的捐款人出現。而讓整個小鎮沸騰的事是總統親自來信，邀請孩子們去白宮做客！

這是一個關於夢想的真實故事，也是一個關於野心的故事。

一個人，如果終生沒有夢想，沒有野心，可能會活得平安，但他絕不會幸福，更感覺不到生活的價值，只能終生碌碌無為，平庸地度過一生。

有了夢想，有了野心，我們才會為了這個切切實實的目標去拼搏，去奮鬥，去努力實現它。也許，多年後，我們發現，我們的野心最終不能完整地實現，可是，你更會發現，你比以前，已經大大地前進了好幾步。

現實間的距離

古時候有一個漁夫，是出海打魚的好手。他有一個習慣，每次打魚前都要立下一個誓言。有一年春天，聽說市面上墨魚的價格最高，於是他立下誓言：這次出海只捕撈墨魚，好好賺一筆。但這一次所遇到的都是螃蟹，他非常懊惱地空手而歸。等他上了岸，才得知現在市面上螃蟹的價格比墨魚還要高，他後悔不已，發誓下次出海一定打螃蟹。

第二次出海，他把注意力全放在螃蟹上，可是這次遇到的全是墨魚。不用說，他又只能餓著肚皮回來了。他懊悔地發誓，下次出海無論是遇到螃蟹還是墨魚，全部都打。

第三次出海後，漁夫嚴格地遵守自己的諾言，不幸的是，他一隻螃蟹和墨魚都沒有見到，見到的只是一些馬鮫魚，於是，漁夫再一次空手而歸……

漁夫沒有趕得上第四次出海，他在自己的誓言中飢寒交迫地死去。

許多時候，目標與現實之間，往往具有一定的距離，我們必須學會隨時調整。無論如何，人不應該為不切實際的誓言和願望活著。

這是你的選擇

一位美國小夥子看中了一位中國女孩，便一直追著不放。最後，中國女孩辭掉了令人羨慕的工作，跟美國小夥子結了婚，飛到大洋彼岸去了。

「我放棄了那麼好的工作，遠離我的父母跟你到美國來，這可是我為你作出的犧牲呀！」中國女孩說。

她以為這樣說能令他感動，沒想到他只是說：「不，不，我不認為這是什麼犧牲，在我看來，這只是你的一種選擇。」

她後來才知道，美國人在人際交往中，只會尊重你的選擇，而不會承認你的犧牲。這就意味著：你作出的所有決定，都必須符合你自己的心願，符合自己的心願才能成為自己的真正選擇。這樣與人打交道，才會擁有真正的平等，同時也才能贏得他人的尊重。

那位美國小夥子是一位通曉六國語言的醫生，在美國很容易賺錢的，他工作一個小時就有一百美元的收入。

但是她卻跟國內的朋友說：「我必須工作，必須學會自己賺錢。如果沒有經濟上的獨立，就不可能作出真正符合自己心願的選擇，也就不可能贏得他長久的尊重。」

不可能讓別人為你的選擇負責，而且一定要保持自己選擇的權利和自由。一旦作出了選擇，就要承擔為選擇所必須付出的代價。

代價的砝碼

在一片森林裡，有幾隻野豬，非常的兇悍，經常威脅到森林邊上村裡人的安全，但受害最大的是經過森林的人，幾位有經驗的獵人很想捕獲它們，但這些野豬卻很狡猾，從不上當。

一天，一個老人領著一匹拖著兩輪車的毛驢，走進了野豬出沒的村莊。車上裝的是木料和穀粒。老人告訴當地人說他要幫他們捉野豬，早已失望至極的人們不相信，甚至嘲笑他，因為他們認為既然年輕力壯、經驗豐富的獵人都做不到的事，一位白鬍子老頭又怎能做到。

但老頭還是進了森林，他首先尋找到野豬經常出沒尋食的地方，然後就在空地中央撒少許穀粒作為陷阱誘餌。那些野豬起初嚇了一跳，可是經不住誘惑，好奇地跑過去，由領頭野豬開始聞味道，然後猛嘗一口，其他豬也跟著吃了起來。第二天，老人又多加了些穀粒，並在幾尺遠的地方豎起一塊木板，那木板嚇跑了野豬，但是穀粒的美餐，大大吸引著那些豬，不久，又返回來吃了。這樣，老人每天在谷粒周圍多加進一些木板，每次野豬總會遠離一陣子，但最終還是會走進去吃穀粒。兩個月後，圍欄做好了，而那些野豬照樣無所顧忌地走進去，自然被關在圍欄裡了。

不要去期盼天上能夠掉餡餅，世界上根本就沒有不費吹灰之力就能辦到的便宜事。心裡的欲望放在天平的一端，而另一端就是代價的砝碼。

憂鬱而死的小公務員

某機關一個小公務員一直過著安分守己的日子。

有一天，他忽然得到通知，一位從未聽說過的遠房親戚在國外死去，臨終指定他為遺產繼承人。

那是一個價值不菲的珠寶商店。

小公務員欣喜若狂，開始忙碌地為出國作種種準備。待到一切就緒，即將動身，他又得到通知，一場大火燒毀了那個商店，珠寶也喪失殆盡。

小公務員空歡喜一場，重返機關上班。他似乎變了一個人，整日愁眉不展，逢人便訴說自己的不幸。

「那可是一筆很大的財產啊，我一輩子的薪水還不及它的零頭呢。」他說。

「你不是和從前一樣，什麼也沒有丟失嗎？」他的一個同事問道。

「這麼一大筆財產，竟說什麼也沒有失去！」小公務員心疼得叫起來。

「在一個你從未到過的地方，有一個你從未見過的商店遭了火災，這與你有什麼關係呢？」這個人看得很開，可是不久以後，小公務員死於憂鬱症。

失去與獲得全在一念之間。這位公務員為了他從未擁有過的商店而憂鬱，竟然連命都送上了。不是擁有就是錯誤，而是說如果一味地貪戀擁有絕對是一大錯誤。

成熟的麥穗會彎腰

有位剛剛退休的資深醫生，醫術非常高明，許多年輕的醫生都前來求教，要求投靠在他門下。資深醫生選了其中一位年輕的醫生，幫忙看診，兩人以師徒相稱。應診時，年輕醫生成為得力助手，資深醫生理所當然是年輕醫生的導師。

由於兩人合作無間，診所的病患者與日俱增，診所聲名遠播。為了分擔門診此時越來越多的工作量，避免患者等得太久，醫生師徒決定分開看診。病情比較輕微的患者，由年輕醫生診斷；病情較嚴重的，由師父出馬。實行一段時間之後，指明掛號讓醫生徒弟看診的病患者，比例明顯增加。起初，醫生師父不以為意，心中也高興：「小病都醫好了，當然不會拖延成為大病，病患減少，我也樂得輕鬆。」

直到有一天，醫生師父發現，有幾位病人的病情很嚴重，但在掛號時仍堅持要讓醫生徒弟看診，對此現象他百思不解。

還好，醫生師徒兩人彼此信賴，相處時沒有心結，收入的分配，也有一套雙方都能接受的標準制度，所以醫生師父並沒往壞處想。也就不至於到懷疑醫生徒弟從中搞鬼、故意搶病人的地步。

「可是，為什麼呢？」他問，「為什麼大家不找我看診？難道他們以為我的醫術不高明嗎？我剛剛才得到一項由醫學會頒贈的『傑出成就獎』，登在新聞報紙的版面也很大，很多人都看得到啊！」

為了解開他心中的疑團，醫生師父的一個朋友來到他的診所深入觀察。本來這個朋友想佯裝成患者，後來因為感冒，也就順理成章地到他的診所就醫，順便看看問題出在哪裡。

初診掛號時，負責掛號的小姐很客氣，並沒有刻意暗示病人要掛哪一位醫生的號。複診掛號時，就有點學問了，發現很多病人都從師父那邊，轉到醫生徒弟的診室。問題就出在所謂的「口碑效果」，醫生徒弟的門診掛號人數偏多，等候診斷的時間也較長，有些病人在等候區聊天，交換彼此的看診經驗，呈現出「門庭若市」的場面，讓一些對自己病情較沒有信心的患者趨之若鶩。

更有趣的發現是，醫生徒弟的經驗雖然不夠豐富，但因為他有自知之明，所以問診時非常仔細，慢慢研究推敲，跟病人的溝通較多、也較深入，而且很親切、客氣，也常給病人加油打氣：「不用擔心啦！回去多喝開水，睡眠要充足，很快就會好起來的。」類似的心靈鼓勵，讓他開出的藥方更有加倍的效果。

回過來看看醫生師父這邊，情況正好相反。經驗豐富的他，看診速度很快，往往病患者無須開口多說，他就知道問題在哪裡，資深加上專業，使得他的表情顯得冷酷，彷彿對病人的苦痛漸漸麻痹，缺少同情心。

整個看診的過程，明明是很專業認真的，卻容易使病患者產生「漫不經心、草草了事」的誤會。

當朋友向醫生師父提出這些淺見時，他驚訝地張大了嘴巴：「對呀！我自己怎麼都沒有發現！」

其實，很多具有專業素養的人士都很容易遇到類似的問題。並不是故意要擺出盛氣凌人的高姿態，但因為地位高高在上，令人仰之彌高，產生遙不可及的距離感。別忘了！越成熟的麥穗，越懂得彎腰。或者，我們也可以來個逆向思考，越懂得彎腰，才會越成熟。

把鷹扔下懸崖

有一個鄉下的老人在山裡打柴時，拾到一隻很小且樣子怪怪的鳥，那隻怪鳥和出生剛滿月的小雞一樣大小，也許因為牠實在太小了，還不會飛，老人就把這隻怪鳥帶回家給小孫子玩耍。

老人的孫子很調皮，他將怪鳥放在小雞群裡，充當母雞的孩子，讓母雞養育著。母雞沒有發現這個異類，全權負起一個母親的責任。

怪鳥一天天長大了，後來人們發現那隻怪鳥竟是一隻鷹，人們擔心鷹再長大一些會吃雞。

然而人們的擔心是多餘的，那隻一天天長大的鷹和雞相處得很和睦，只是當鷹出於本能在天空展翅飛翔再向地面俯衝時，雞群出於本能會產生恐慌和騷亂。

時間久了，村裡的人們對於這種鷹雞同處的狀況越來越看不慣，如果哪家丟了雞，便首先會懷疑那隻鷹，要知道鷹終歸是鷹，生來是要吃雞的。

愈來愈不滿的人們一致強烈要求：要麼殺了那隻鷹，要麼將牠放生，讓牠永遠也別回來。

因為和鷹相處的時間長了，有了感情，這一家人自然捨不得殺牠，他們決定將鷹放生，讓牠回歸大自然。

然而他們用了許多的辦法都無法讓那隻鷹重返大自然，他們把鷹帶到很遠的地方放生，過不了幾天那隻鷹又飛回來了，他們驅趕牠不讓牠進家門，他們甚至將牠打得遍體鱗傷……許多辦法試過了都不奏效。最後他們終於明白：原來鷹是眷戀牠從小長大的家園，捨不得那個溫暖舒適的窩。

後來村裡的一位老人說：把鷹交給我吧，我會讓牠重返藍天，永遠不再回來。

老人將鷹帶到附近一個最陡峭的懸崖絕壁旁，然後將鷹狠狠向懸崖下的深澗扔去，如扔一塊石頭。

那隻鷹剛開始也如石頭般向下墜去，然而快要到澗底時牠終於展開雙翅托住了身體，開始緩緩滑翔，然後輕輕拍了拍翅膀，就飛向蔚藍的天空。

牠越飛越自由舒展，越飛動作越漂亮，這才叫真正的翱翔，藍天才是牠真正的家園啊！牠越飛越高，越飛越遠，漸漸變成了一個小黑點，飛出了人們的視野，永遠地飛走了，再也沒有回來。

其實我們每個人又何嘗不像那隻鷹一樣，總是對現有的東西不忍放棄，對舒適平穩的生活戀戀不捨？

一個人要想讓自己的人生有所轉機，就必須懂得在關鍵時刻把自己帶到人生的懸崖，給自己一個懸崖其實就是給自己一片蔚藍的天空啊。

怎樣才能把水燒開

一位青年滿懷煩惱地去找一位智者。他大學畢業後，曾豪情萬丈地為自己樹立了許多目標，可是幾年下來，依然一事無成。他找到智者時，智者正在河邊小屋裡讀書。智者微笑著聽完青年的傾訴，對他說：「來，你先幫我燒壺開水！」

青年看見牆角放著一把極大的水壺，旁邊是一個小火灶，可是沒發現柴火，於是便出去找。他在外面拾了一些枯枝回來，裝滿一壺水，放在灶臺上，在灶內放了些柴火便燒了起來。可是由於壺太大，那捆柴火燒盡了，水也沒開。於是他跑出去繼續找柴火，等找到了足夠的柴火回來，那壺水已涼得差不多了。這回他學聰明了，沒有急於點火，而是再次出去找了些柴火。由於柴火準備得足，水不一會兒就燒開了。

智者忽然問他：「如果沒有足夠的柴火，你該怎樣把水燒開？」

青年想了一會兒，搖搖頭。智者說：「如果那樣，就把壺裡的水倒掉一些！」

青年若有所思地點了點頭。

智者接著說：「你一開始躊躇滿志，樹立了太多的目標，就像這個大壺裝的水太多一樣，而你又沒有足夠多的柴火，所以不能把水燒開。要想把水燒開，你或者倒出一些水，或者先去準備柴火！」

青年頓時大悟。回去後，他把計畫中所列的目標畫掉了許多，只留下最近的幾個，同時利用業餘時間學習各種專業知識，幾年後，他的目標基本上都實現了。只有刪繁就簡，從最近的目標開始，才會一步步走向成功。

萬事掛懷，只會半途而廢。另外，我們只有不斷地撿拾那些「柴火」，才能使人生逐漸加溫，最終才會讓生命沸騰。

人生需要規劃

美國有位名叫奧斯丁・威爾的人，以向雜誌社投稿賺取稿費為生，經濟非常拮据。後來他寫了一個發明家的故事，自己從故事中得到啟示，從而下決心改變他的一生。他放棄記者的工作，回學校攻讀法律課程，準備做一名專利律師。認識他的人對他這項決定都極為驚訝，認為他發瘋了。對此他不急不躁，堅持自己的目標——成為「全美最頂尖的專利律師」。他把這一目標進行具體規劃後，開始付諸行動，在破紀錄的短時間內，完成了法律課程。開業之後，他又刻意承辦最棘手的案件，這使他很快揚名全國，案件應接不暇，果真成為「全美最頂尖的專利律師」，即使其收費高達天文數字，指名找他的客戶仍然是絡繹不絕。

建房需要規劃，人生也需要設計。

在現代社會中，每個人都有必要根據自己的目標，根據自己的興趣和能力，認真地做好人生的規劃和設計，只有這樣，才能建造自己的事業大廈。

一個菜鳥的成長

吳浩是一名職場菜鳥，所謂「菜」嘛，就是那種嫩嫩的菜葉子，青青的，脆脆的，輕輕一折就斷了。

大學一畢業，他就披著這樣薄薄的翅膀，來到了一家公司的市場部。他可是賭著一口氣，希望自己能早點摘下「菜鳥」的標籤，讓羽毛豐滿起來。是啊，誰不想成為職場裡的雄鷹呢！

第一年，年終總結報告，好，吳浩洋洋灑灑寫了幾千字，把A4的影印紙寫滿了三頁，把這半年的工作事蹟像功能表一樣給列出來：

白天，總是第一個來上班，最後一個才下班；

每天還負責辦公室的開水、清潔；

每週都外出做一做市場調查；

做過兩次大型的問卷調查……

吳浩接著寫道：「我勤勤懇懇，熱情積極，任勞任怨，思維活躍……我希望在新的一年裡，儘早融入這個團體，與公司共同發展共同進步。做好本職工作，就是我最堅定的信念。」

第二年結束的時候，吳浩又被告知要交年終總結報告。

接到通知的時候，他正和同事做完一個促銷活動回辦公室。他脫下棉襖，還是覺得很熱，促銷搞得很熱鬧，他的心也被攪熱起來了，一時無法平復，看到公司生意不錯，他有壓抑不住的興奮。

他想了想，正好，去年的年終總結報告還在電腦裡呢，晚上回去改一改日期，還可以重複利用，多好。

打開電腦，吳浩遲疑了。去年總結報告依舊在，可是他的心境卻已經不再是去年的了。他把滑鼠一直往下拉，看完前兩頁的流水帳，嘎嘎笑了兩聲，估計去年總經理看了也是這樣笑的，刪掉。再往下拉，那些豪言壯語也太虛了吧，刪掉。

寫什麼呢？

吳浩想起發生在上個月的一件事。

他被部門主任安排到一家百貨廣場門口去做促銷活動，方案由企劃部制定，他們只需按計劃執行就可以了。看到方案，他愣了一下，因為這次活動贈送的禮品仍然和上次一樣，是他們公司的產品——護手霜。

記得上次促銷時，他特意宣傳了一下即將推出的新產品——柔膚水，發現很多顧客很感興趣，回來後，他把這一調查結果還寫成了文字呈給了主任，主任說，下次促銷就贈送一些柔膚水的試用包。

也許是主任忘記了，也許主任有主任的想法，反正，護手霜也好，柔膚水也好，都是公司的產品，都可以用。只是……他猶豫了一下，終於問主任：「主任，我們這次不需要試用柔膚水嗎？」

哦，哦？主任歪著頭，忽然地想起，哎喲哎喲！他的腳步快起來，幾乎是用跑的到企劃部。接著，企劃部加班修改方案；物流部也加班，將準備好的護手霜入庫，調出柔膚水。

他也得加班，從企劃部接受方案，到物流部門領取贈送禮品。

晚上十點，他在電梯裡和物流部、企劃部下班的同事相遇。電梯很擠，他很不好意思，為了自己的一句話，連累這麼多人加班。可是中間有一個人說：「幸虧改得及時，若是等到明天促銷時才想起，就難辦了。」

沒有人抱怨，沒有人追究加班的原因原來只是因為一個小人物的一句話。

想到這裡，吳浩很感動。

他在電腦裡敲上一行字：「深深體會到，一個公司需要一個團隊的合作和努力，我希望在新的一年裡，能夠更好地和同事合作。」

第三年結束的時候，吳浩知道總經理會安排一項必修作業——年終總結報告。十二月底的某天，他打開了去年的報告。

沿著去年的思路想下去，其實和同事相處也很辛苦，日子漸漸長了，才發覺每個人都有或多或少的缺點。有的人小氣，有的人拖遝，有的人好表功，有的人好抱怨，如果和他們缺點相撞，比一個野蠻女友的殺傷力還要大。

他真不願意這樣消耗啊。

吳浩的手指在鍵盤上飄移，螢幕上游標閃爍。他不斷想著，忽然眼前靈光一現，每個人的缺點他看到了，每個人的優點，他也看到了啊。

比如，有的人總是很激情，有的人做事很穩重，有的人急躁卻很講效率，有的人得了表揚靈感就格外多……

如果和他們的優點相處，應該是很愉快的旅行啊。

於是，他在電腦上劈劈啪啪地敲了一行字：「我希望和這些優秀的同事在一起，精誠合作，把自己的優點也充分發揮出來，共同將我們的事業推進。」

主任拿著他的報告看了好一會兒，總經理看到他的總結報告時也多停留了片刻。在他乾脆俐落地轉身走出辦公室後，微微笑了。

新年後第一天上班，他被任命為市場部主管。一個主管，就是善於發掘每個員工的優勢，激發每個人的積極性。總經理知道，吳浩已經具備了一個主管的素質。

他終於不再是一隻菜鳥。

「菜」只是成長中的一個過程。菜鳥固然經驗不足，但只要善於學習，善於總結，隨著時間的流逝，隨著經驗的不斷累積，總有成長起來的一天。

不可放棄的努力

你是否知道鯪魚和鰷魚的習性？鯪魚喜歡吃鰷魚，鰷魚總是躲避鯪魚。有人曾經用這兩種魚做了一個實驗。

實驗者用玻璃板把一個水池隔成兩半，把一條鯪魚和一條鰷魚分別放在玻璃隔板的兩側。

開始時，鯪魚要吃鰷魚，飛快地向鰷魚游去，可是每次都撞在玻璃隔板上，游不過去。過了一會兒工夫，鯪魚放棄了努力，不再向鰷魚那邊游去。更有趣的是，當實驗者將玻璃板抽出來之後，鯪魚也不再嘗試去吃鰷魚！鯪魚失去了吃掉鰷魚的信心，放棄了已經可以達到目的的努力。

其實，作為萬物之靈的人，有時也犯鯪魚那樣的錯誤。

記得四分鐘跑完一英里的故事吧？

自古希臘以來，人們一直試圖達到四分鐘跑完一英里的目標。人們為了達到這個目標，曾讓獅子追趕奔跑者，也曾喝過真正的虎奶，但是都沒實現四分鐘跑完一英里的目標。

於是，許許多多的醫生、教練員和運動員斷言：要人在四分鐘內跑完一英里的路程，那是絕不可能的。

因為，我們的骨骼結構不對頭，肺活量不夠，風的阻力又太大，理由實在很多很多。

然而，有一個人首先開創了四分鐘跑完一英里的紀錄，證明了許許多多的醫生、教練員和運動員都斷言錯了。

這個人就是羅傑・班尼斯特。

更令人驚歎的是，一馬當先，引來了萬馬奔騰。在此之後的一年，又有三百名運動員在四分鐘內跑完了一英里的路程。

訓練技術並沒有重大突破，人類的骨骼結構也沒有突然改善，數十年前被認為是根本不可能的事情，為什麼變成了可能的事情？是因為有人沒有放棄努力，是因為有了榜樣的力量。

在由失敗通往勝利的路上，有時候障礙的確存在，甚至很多；有時候障礙已經消失，或已在不知不覺中被我們克服，可是我們還誤認為障礙仍然存在，不可逾越。可以說，有好多障礙並不是存在於外界，而是存在於我們的心裡。

幾乎每個勝利者，都曾經是個失敗者。勝利者與失敗者的重要區別：勝利者屢敗屢戰，絕不輕易放棄努力；失敗者屢戰屢敗，可惜地放棄了努力。在由失敗通往勝利的征途上有道河，那道河叫放棄；在由失敗通往勝利的征途上有座橋，那座橋叫努力。

與其抱怨一切，不如珍惜一切

一個殘疾人來到天堂找到上帝，便抱怨上帝沒給他一副健全的體格。上帝什麼也沒說就給殘疾人介紹了一位朋友。

這個人剛剛死去不久才升入天堂，他感慨地對殘疾人說：「珍惜吧朋友，至少你還活著。」

一個官場失意被排擠下來的人找到上帝，抱怨上帝沒給他高官厚祿，上帝就把那位殘疾人介紹給他。

殘疾人對他說：「珍惜吧，至少你的身體還是健全的。」

一個年輕人找到上帝，抱怨上帝沒讓自己受到人們的重視和尊重，上帝就把那位官場失意的人介紹給他。

那人對年輕人說：「珍惜吧，至少你還年輕，前面的路還很長。」

在人生道路上，風和日麗的日子會有，風風雨雨的日子同樣也會有。

有人在幸福的日子裡仍會不滿足，只會天天抱怨而不珍惜自己擁有的；有人在遭遇挫折的時候，總是怨天尤人，一蹶不振，而不是來冷靜地審視自己，充分發掘利用自己的優勢來渡過難關。

生活中其實每個人身上都有亮點，只要能學會發現、學會珍惜，美好的生活就在我們身邊。

樹立自己的目標

一九五二年七月四日清晨，加利福尼亞海岸籠罩在一片濃霧中。在海岸以西二十一英里的卡塔林納島上，一名三十四歲的女人涉水下到太平洋中，開始向加州海岸游去。要是成功了，她就是第一個游過這個海峽的婦女。這名婦女叫弗羅倫絲・查德威克。

那天早晨，海水凍得她身體發麻，霧很大，她幾乎連護送她的船都看不到，時間一個鐘頭一個鐘頭過去了，千千萬萬的人在電視上看著她。有幾次，鯊魚靠近了她，被人開槍嚇跑了。她仍然在游。在這類渡海游泳中，她的最大問題不是疲勞，而是寒冷刺骨的水溫。

十五個鐘頭之後，她又累又冷。她感覺自己不能再游了，就叫人拉她上船。她的母親和教練在另一條船上，他們都告訴她離海岸很近了，叫她不要放棄。但她朝加州海岸望去，除了濃霧什麼也看不到，於是搖搖頭說：「我沒有能力游到對岸了。」

人們只好把她拉上船。過一會，她漸漸覺得暖和了，這時卻開始感到失敗的打擊。事後她對記者說：「說實在的，我不是為自己找藉口，如果當時我看見陸地，也許我就能堅持下來。」

人們拉她上船的地點，離加州海岸只有半英里！令她半途而廢的不是疲勞，也不是寒冷，而是因為她在濃霧中看不到目標！查德威克小姐一生中只有這一次沒堅持到底。兩個月之後，她成功地游過同一個海峽。她不但是第一位游過卡塔林納海峽的女性，而且比男子的紀錄還快了大約兩個鐘頭。

游泳天才查德威克也需要看得見目標，才能鼓足幹勁完成她有能力完成的任務。可見，制定目標，對人們規劃自己的人生具有多麼重要的意義。

人類是受目標驅使的精靈。當我們很小的時候，看到別人走路、講話、讀書、騎車等，我們就下定決心也要學會這些本領。雖然我們並不是有意識地這樣做，但我們確實是為自己樹立了目標。

既要跑得快，也要跑得穩

畢業前夕的一個晴天，班主任把學生們帶到學校操場上，說：「這是最後一課了。我安排了一個作業，說易不易，說難不難。請大家繞這五百公尺的操場跑兩圈，並記下跑的時間、速度以及感受。」說完便走了。

二十年後師生又相聚了。

老師說話了：「我離開操場之後，在教室走廊上觀看了同學們的完成情況。現在，二十年後的今天，我對作業講評一下。跑完兩圈兒的有四個人，時間在十五分二十秒之內，一人扭傷了腳，一人因為太快摔了跤，有十五個人跑過一一圈後覺得無趣，退出後在跑道外聊天。其餘的人嫌無聊，根本沒跑。」

大家驚訝於老師記得如此清楚，一下子看到了老師昔日的風采，紛紛鼓掌。掌聲落下，老師繼續說：「我就這次作業，並結合七十餘年人生體驗，送各位四句：其一，成功只垂青有準備的人；其二，身邊的小蘑菇不撿的人，撿不到大蘑菇；其三，跑得快，還需跑得穩；其四，人有了起點並不意味就有了終點。」

人生路上，既要跑得快，還需跑得穩一些。
成功在於堅持，在於從小事做起，腳踏實地，如果你能堅持，總有一天它會垂青於你。

學會享受每一刻

一個春光明媚的早晨，有一隻漂亮的鳥兒站在樹枝上歌唱，樹林裡到處充滿了牠甜美的歌聲。一隻松鼠從樹洞中探出頭，大聲喊道：「閉上你的嘴，不要發出這種可怕的聲音。」鳥兒回答說：「你看，新鮮的空氣，美好的景色，綠得發亮的樹葉，燦爛的陽光，我的內心無比歡暢，我無法不歌唱。」

「是嗎？」松鼠眼中充滿迷惑，「這個世界美麗可愛嗎？根本不可能！世界上的任何事情都是毫無意義的。我憑藉多年的生活經驗，很清楚這點。」

快活的鳥兒反駁說：「松鼠先生，你到我這兒看看吧。看看太陽、看看森林，看看這美麗可愛的世界，呼吸一下新鮮空氣。你會有和我同樣的感受！來吧，讓我們的歌聲響遍世界！」

美好與快樂總與樂觀相伴，陰雲與悲傷總與悲觀為友。感受每一刻的清新空氣，感受每一刻的溫暖陽光，學會享受每一刻的生活。

給自己搭梯子

一家公司招聘行銷經理，最後A君、B君、C君進入了由公司老總親自主持的最後一輪考核。沒想到，老總開車把三位年輕人拉到一座果園裡，指著三棵高大的蘋果樹，說，你們每人一棵樹，看誰摘的蘋果最多，誰就能成為本公司行銷部經理。

老總剛說完，三個人立即撲向果樹。A君身高臂長，站在樹下，上下左右開弓，不一會兒就摘了很多蘋果。B君身材靈巧，就像猴子一樣爬上了樹，眨眼間，也摘了不少蘋果。只有C君生得又矮又胖，儘管他很著急，但摘的蘋果顯然落後於其他二人。

「要是有架梯子就好了，可是哪裡有梯子呢？」C君大腦急速地轉動。「果園警衛先生那裡會不會有？」想到這兒，他立即跑到警衛室，誠懇地向警衛先生說明情況。

剛才老總領著他們進來時，只有C君熱情地和警衛打過招呼，警衛顯然對他印象很好。他領著C君來到警衛室後面，果然有一架裝修用的鋁合金梯子擺在那裡。C君謝過警衛，搬著梯子跑回果園。

有了梯子，C君變得遊刃有餘，摘起果子來隨心所欲。這時，A君、B君遇到了難題。A君雖生得高大，卻怎麼也搆不到高處的蘋果。B君雖身手敏捷，卻不敢爬到細枝上去摘。這個時候他倆也想到用梯子，可是當他倆跑出去找了一圈，哪還找得到梯子的影子？等他們氣喘吁吁地跑回來，老總對他們說，不用再比了，我宣佈：C君被聘為行銷部經理。雖然C君高大比不過A君，靈巧比不過B君，但他面對困難時，卻能迅速找到解決辦法，打開局面，這是一個行銷部經理最可貴的素質。

A君、B君輸得心服口服。

在成長過程中，很多人都會有同感，很多我們看起來很一般的同學、同事、朋友，卻在若干年後，取得令人意想不到的成就。

其實，他們自有其過人之處，這「過人之處」在很大程度上是指他們具有很強的「梯子意識」，會找並善於找梯子，主動搭梯子。所以，他們可以站得更高。

別受過去影響

有一天，舍利弗與佛陀同時站在太陽下，忽然飛來一隻小鳥，停留在舍利弗的影子上。可是在舍利弗影子下的鴿子始終處於警備、不安的狀態，好像驚弓之鳥，身體不停地顫抖。

過了一會兒，小鳥飛離了舍利弗的影子，停留在佛陀的身影下。剎那間，小鳥好像找到了安全的庇護，一動也不動，很安然自在地在佛陀的身影下休憩。

目睹了這一幕，舍利弗很好奇地問佛陀：「佛陀！這隻小鳥停在我的影子上，我並沒有殺牠、害牠的心念，為什麼牠會不停地顫抖而不敢久留呢？」

佛陀說：「你雖然沒有害牠的意念，可是因為你的怨恨忿怒猶存，這隻小鳥感受到你的恚習，因此在你的身影下，才會不安地一直顫抖，怕你傷害牠。」

舍利弗聽了佛陀的開示，語帶慚愧地說：「佛陀！我知道了，這表示我的慈悲心不夠，以後我會加倍地慈仁愛物，否則連一隻小鳥都不敢親近，又如何度眾呢？」

俗話說，「江山易改，本性難移。」
但是難移並不是不可以移，只要自己有勇氣，並且發願懺悔，必能改造自己，所謂
「人人皆可成佛」，佛道都可以成就了，還有什麼不能的呢！

沙灘上的腳印

有一天晚上，一個人做了個夢，夢見和菩薩在一起走在沙灘上，空中忽然閃過了他一生中的點點滴滴：他發現在每一幕裡，沙灘上都有兩對腳印，一對是他的，另一對是菩薩的。當最後一幕劃過後，他再回頭看著沙灘上的腳印，卻發現有好幾次，沙灘上都只有一對腳印！而且那些時候都正好是他生命中最低潮、最難過的時候……他很困惑地問菩薩：「你答應我的，你說你會尋聲救苦，一旦我誓願跟隨你，你就會一直走在我身邊護持我，但是我發現在我生命中最難受、痛苦的時候，沙灘上卻只有一對腳印啊！我不懂，為什麼在我最需要你慰助的時候，慈悲的你卻舍我而去？」

菩薩慈悲、柔和地回答說：「我記著你，護持你，而且我永遠不會離開你。在那些你最困難最痛苦的時候，你只看到一對腳印，因為，那是我抱著你在走的。」

當我們面臨考驗之際，往往會一直以為是自己孤軍奮戰，在我們最覺得孤立無援的時候，靜下來看一看，你就會發現其實很多人都在旁邊陪著你。

Chapter 04

不爭議的智慧

有一個民間故事，説兩個人爭論。一個説《水滸傳》上有個使板斧的好漢叫李達，另一個堅持説叫李逵。兩人爭論不休，就打二十塊錢賭，去找一位古典文學權威評定。權威笑瞇瞇地看了兩人一會兒，判定《水滸》上的好漢乃是李達，於是主張李逵者輸掉二十塊錢。事後，「李逵派」質問權威為何如此荒唐斷案。權威答道：「你不過損失了二十塊錢，那小子如此冥頑不靈，我們就害他一輩子好了。他從此認定這好漢乃是李達，還不出一輩子醜嗎？」

對於謬論，有時候，附和才是對謬論者最大的懲罰。不過不要輕易用，除非他冥頑不靈，否則害人不淺。

總有一扇窗會為你打開

迪克的祖父留給他一座美麗的森林莊園。他一直為此而自豪。可是不幸發生在那年深秋，一道耀眼的雷電引發了一場山火，無情地燒毀了那片鬱鬱蔥蔥的森林，傷心的溫蒂決定向銀行貸款，以恢復森林莊園以往的勃勃生機。可是銀行拒絕他的申貸。

沮喪的迪克茶飯不思地在家裡躺了好幾天，太太怕他會悶出病來，就勸他出去散散心。迪克走到一條街的拐角處，看見一家店鋪的門口人山人海，原來一些家庭主婦在排隊購買用於烤肉和冬季取暖用的木炭。看到那一截截堆在箱子裡的木炭，迪克忽然眼前一亮，回去之後，他雇了幾個炭工，把莊園裡燒焦的樹木加工成優質木炭，分裝成一千箱，送到市集上的木炭分銷店，結果，那一千箱木炭沒多久便被搶購一空。

這樣，迪克便從分銷商手裡拿到了一筆錢，第二年春天購買了一大批樹苗，終於他的森林莊園又熱鬧起來了。

這個世界上，從來沒有什麼真正的「絕境」。

無論黑夜多麼漫長，朝陽總會冉冉升起；無論風雪怎樣肆虐，春風終會緩緩吹來。

而對於年輕的我們來說，當挫折接連不斷、失意如影隨形時，當命運之門一遍接一遍地關閉時，我們永遠也不要懷疑。因為總有一扇窗會為你打開。

圓滿與缺憾

國王有七個女兒，這七位美麗的公主是國王的驕傲。她們那一頭烏黑亮麗的長髮遠近皆知，所以國王送給她們每人一百個漂亮的髮夾。

有天早上，大公主醒來，一如既往地用髮夾整理她的秀髮，卻發現少了一個髮夾，於是她偷偷地到二公主的房裡，拿走了一個髮夾。二公主發現少了一個髮夾，便到三公主房裡拿走一個髮夾；三公主發現少了一個髮夾，也偷偷地拿走四公主的一個髮夾；四公主如法炮製拿走了五公主的髮夾；五公主一樣拿走六公主的髮夾；六公主只好拿走七公主的髮夾。於是，七公主的髮夾只剩下九十九個。

隔天，鄰國英俊的王子忽然來到皇宮，他對國王說：「昨天我養的百靈鳥叼回了一個髮夾，我想這一定是屬於公主們的，而這也真是一種奇妙的緣分，不曉得是哪位公主掉了髮夾？」

公主們聽到了這件事，都在心裡想：是我掉的，是我掉的。

可是頭上明明完整地別著一百個髮夾，所以都懊惱得很，卻說不出。只有七公主走出來說：「我掉了一個髮夾。」

話才說完，七公主一頭漂亮的長髮因為少了一個髮夾，全部披散了下來。王子不由得看呆了，決定和公主一起過幸福快樂的日子。

人不總是因為全部擁有而幸福，相反卻因失去而美麗。為什麼一有缺憾就拼命去補足呢？一百個髮夾，就像是完美圓滿的人生，少了一個髮夾，這個圓滿就有了缺憾；但正因缺憾，未來就有了無限的轉機、無限的可能性，何嘗不是一件值得高興的事！

沒有天生的傻瓜

畢可是動物心理學的鼻祖、聯結主義心理學的創始人，創建了教育心理學，也是美國教育測驗運動的領袖之一。

他生於美國麻省一個牧師家庭，生性害羞、孤獨，只有在學習中才能找到樂趣，也特別有學習的天賦。

他一生致力於心理學研究，著述頗多。畢可對行為主義學派的影響主要來源於他對小雞、小貓研究的結果。

一八九五年，他到哈佛大學，做小雞走迷津實驗（走迷宮），後轉到哥倫比亞大學學習，繼續利用貓和狗等做實驗。他在實驗中發現，最初，小雞小貓小狗都是在死路裡轉來轉去，偶爾會找到出口，逃出迷宮，而這通常需要花很長時間。

但重複多次以後，小雞小貓小狗在死路中瞎轉的次數都會減少，花費的時間也會減少很多；訓練到一定次數以後，一把牠們放入迷宮，牠們甚至會立即直奔出口而去，很快就成功逃脫。

畢可認為，小雞小貓小狗都不是透過推理和觀察而學會逃出迷宮的，牠們之所以能夠順利逃脫，原因只有一點，那就是不斷地嘗試，在不斷的嘗試和失敗中慢慢消除那些無用的行為，記住那些有助於逃脫的行為。用畢可的話說，就是牠們已經在這些有用的行為和行為的目標之間建立了聯繫。

畢可還有另外一個實驗：用木條釘成的箱子裡，有一塊是能打開門的腳踏板，當門開後，貓即可逃出箱子，並能得到箱子外的獎賞魚。

試驗開始了。

一開始，餓貓進入箱子中時，只是無目的地亂咬、亂撞，後來偶然碰上腳踏板，餓貓打開箱門，逃出箱子，得到了食物。

接著第二次，畢可再把餓貓關在箱子中，如此多次重複，最後，貓一進入箱中就能打開箱門。

畢可據此認為，學習的實質就是有機體形成「刺激」與「反應」之間的聯結。他明確地指出「學習即聯結，心即是一個人的聯結系統」。同時，他還認為學習的過程是一種漸進的嘗試錯誤的過程。

在這個過程中，錯誤的反應逐漸地減少，而正確的反應最終形成。根據他的這一理論，人們稱他的關於學習的論述為「試誤說」。

學習的過程就是嘗試的過程。

近代以來，歐美人有更多的發明創造，有人說是得益於他們的一句口頭語：「試一試吧！」試了，才知道什麼是對的、什麼是錯的。

各有其用

有一天，眼睛、鼻子及口在開會，大家都對眉毛表示抗議。眼睛說：「眉毛有什麼用處，憑什麼要在我們的上面？我眼睛可以看東西，我要是不看，連走路都不行了。」

鼻子聽了不服氣，道：「我鼻子可以嗅香和臭，感覺靈敏，眉毛算什麼？他怎麼可以站在我們的上面？」

聽了這一段話後，口也不服了，鼓起嘴說：「臉上我最重要，我算是最有用的。我一不吃東西誰也活不了。我應該站在最上面。眉毛最沒用，他應該站在最下面才對。」眼睛、鼻子及口都在互相爭執，對眉毛發出憤憤的抗議。

眉毛聽後，心平氣和地對他們說：「既然你們都以為自己最有用，那我就在你們下面吧。」

說著，眉毛便走到眼睛下，後到鼻子下，再到口之下。結果大家都認為難看極了，只好決定讓眉毛回到原處去，那兒看起來比較適合。

很多人都患有一種毛病，認為自己樣樣都最好，而別人則個個不如自己，唯有自己看得最順眼。

這是非常錯誤的，因為世上每個人都有些優點值得我們學習，我們必須「取他人之長，補自己之短」。

生命不打草稿

有一個書法家教學生練字。有一次，一個經常用廢舊報紙練字的學生，反映他自己已經跟著書法家學了很長時間，可是都一直沒有大的進步。書法家就對他說：「你改用最好的紙試試，可能會寫得更好。」

那個學生按照他說的去做了。

果然，沒過多久，他的字進步很快。他奇怪地問書法家是什麼原因。

書法家說：「因為你用舊報紙寫字的時候，總會感覺是在打草稿，即使寫得不好也無所謂，反正還有的是紙，所以就不能完全專心；而用最好的紙，你會心疼好紙，會感覺機會的珍貴，從而全心投入，也就比平常練習時更加專心致志。用心去寫，字當然會進步。」

真的，平常的日子總會被我們不經意地當做不值錢的「廢舊報紙」，塗抹壞了也不心疼，總以為來日方長，平淡的「舊報紙」還有很多。

實際上，這樣的心態可能使我們每一天都在與機會擦肩而過。

把生命的每天都當做那最好的一張紙吧！生命並非演習，而是真刀真槍的實戰。生活其實也不會給我們打草稿的機會，因為我們所認為的草稿，其實就已經是我們人生無法更改的答卷。

上帝的鏡子

一個飽受歧視的殘疾老人顫巍巍地來到上帝的跟前，他不甘心地問：「上天為什麼要剝奪我正常行走的權利？」上帝沒有回答，只是遞給他一面圓鏡。

老人接過鏡子，看見了下面的情形：

疾病魔王在空中巡邏，瞪著猙獰的巨眼搜尋下手的目標，許多人的命運就捏在他的手裡。襲擊了許多人之後，最後的目標是一個小男孩，疾病魔王準備將魔爪伸向生機勃勃的小生命。這時，健康女神攔在病魔的面前，厲聲道：「住手！多麼天真多麼可愛的孩子啊，你怎麼下得了手？」

疾病魔王蔑視著健康女神：「不要阻止我！你休想用溫情作為對付我的武器，我從不相信眼淚！我的責任就是把美麗變成醜陋，把聰明變成愚鈍，把雄壯變成猥瑣！」

健康女神憤怒地說：「你不能下手！你看這孩子多麼無辜，你將改變他的一生，毀掉他的事業、愛情和婚姻，毀掉他的一切，這是多麼的殘忍和狠毒啊！」

疾病魔王反駁道：「這不能怪我！這只能歸罪於人類的智慧。當人類的科技還沒發達到足以消滅我的時候，世界就有我的一席之地，我就要去襲擊人類。不管他是孩子、青年還是老人，也不管他高貴還是低賤，這是我的原則！」

健康女神無奈地責問：「難道這個孩子注定要遭此劫難嗎？」

疾病魔王輕描淡寫地說：「那倒不是，我可以告訴你，在我的宮殿裡，有一個巨大的玻璃容器，裡面裝著無數隻小球，小球上寫著世界上所有活著的人的名字。每天，我在出門之前，都要端起容器搖兩下，然後隨手從容器裡抓取一把小球，小球上的名字對應著我要襲擊的人。」

「也就是說，一個人一生命運的改變都不過是你的一次隨意，對嗎？」健康女神絕望地歎息道：「可憐的不幸人們啊！」說完，悲傷地離去。

疾病魔王望著健康女神的背影得意揚揚，然後把魔爪伸向那個天真可愛的男孩。從此，這個男孩拄著拐杖走在風雨裡，一直到老……

老人看後沉默了好久，將圓鏡還給了上帝，歎道：「世人一直認為殘疾是我注定的命運，從而像對待另類一樣歧視我。真是遺憾啊！他們無法得到這樣的一面鏡子！」

有些無法避免的苦難，其實只是命運中隨機的歷程。這些過錯並不在我們自身，與其抱怨命運不公，倒不如坦然面對。

別急著向上看

那還是孩提時代的事。

小學四年級，我們的班主任姓李，是個相貌平平的老頭，心腸挺好，教學也很有一套，可就是脾氣怪怪的。這天下午有節勞動課。李老師帶著我們到學校的後山撿柴，讓我們撿地上的枯樹枝。我和三名同學跑向後山頂，邊跑邊撿。

在一棵大樹旁，我發現了一堆枯乾的小樹枝，急忙奔過去。跑著跑著，我腳一滑跌進一個深深的坑裡。

坑太深，三名同學嚇得大呼小叫，想盡辦法也沒能把我拉上來。

同學喊來了老師。李老師站在坑邊上，盯了我許久，才沉著臉堅決地說：「跌進坑裡，別急著向上看！我們不拉你上來！」

全班同學面面相覷，都沒敢發聲。

「老師，老師，我上不去！」我在坑裡急得大叫。

「在裡面待著吧，我們走！」李老師像陌生人一樣大聲扔給我一句話，帶著同學們走了。

老師硬生生地走了，不管我的死活。我一屁股癱坐在坑裡，嘴一張，「哇哇」地大哭起來：「老師！老師！我出不去！」

一邊哭一邊生氣地在坑裡打滾，滾著滾著無意間我看見了一道亮光。擦乾眼淚，我坐起來向亮光處爬去。透出亮光的地方有一個洞，我鑽了進去，越鑽越亮，不一會兒到了山坡上，一挺身我跳了出來。

李老師和同學們都站在山坡上，隨著我的出現，山坡上響起了真誠而熱烈的掌聲，久久不息。

老師猛地抱起我原地轉了兩圈。我所有的不快，一掃而光，不解地問：「老師，你怎麼知道坑裡有洞能出來？」

「老師看你沒摔傷。」「老師在上面就看見光了。」「老師想讓你自己出來。」沒等老師開口，陽光下同學們晃動著聰明的小腦袋爭著搶著告訴我。

李老師蹲在我面前伸出寬大的手掌拍掉我身上的塵土，親切地撫摸著我的腦袋，重重地點著頭。同學們探著身子，咧開小嘴上下打量我。這時，老師慢慢地站起來，環視一下四周，將一隻手指豎到嘴邊，示意我們安靜。

然後，他走到高處一字一句地說：「孩子們，記住，跌進坑裡，別急著向上看，一心尋求別人的幫助，常常會使人看不見自己腳下最方便的路。」

當我們遇到困難的時候，不能把希望完全寄託在別人的幫助上。有時，仔細看看四周，尋覓可以利用的因素，說不定就可以走出困境。

一把紫砂壺

老街上有一個鐵匠鋪，鋪裡住著一位老鐵匠。由於沒人再需要他製作的鐵器，現在他改賣鐵鍋、斧頭和拴小狗的鏈子。

他的經營方式非常古老和傳統，人坐在門內，貨物擺在門外，不吆喝，不還價，晚上也不收攤。

你無論什麼時候從這兒經過，都會看到他在竹椅上躺著，眼睛微閉著，手裡拿著一臺小收音機，身旁是一把紫砂壺。

他每天的收入，正夠他喝茶和吃飯的。他老了，已不再需要多餘的東西，因此非常滿足。

有一天，一個商人從老街上經過，偶然間看到老鐵匠身旁的那把紫砂壺——古樸雅致，紫黑如墨，有清代製壺名家戴振公的風格。

他走過去，順手端起那把壺。

壺嘴處有一記印章，果然是戴振公的。商人驚喜不已，因為戴振公在世界上有捏泥成金的美名。

據說他的作品現在僅存三件，一件在美國紐約州立博物館裡，一件在故宮博物院，還有一件在泰國一位華僑手裡。

商人想以十萬元的價格買下那把壺。當他說出這個數字時，老鐵匠先是一驚，後又拒絕了，因為這把壺是他爺爺留下來的，他們祖孫三代打鐵時都喝這把壺裡的水，他們的汗也都來自這把壺。

壺雖沒賣，但商人走後，老鐵匠有生以來第一次失眠了。

這把壺他用了近六十年，並且一直以為是把普普通通的壺，現在竟有人要以十萬元的價錢買下它，他轉不過神來。

過去他躺在椅子上喝水，都是閉著眼睛把壺放在小桌上，現在他總要坐起來再看一眼，這讓他非常不舒服。

特別讓他不能容忍的是，當人們知道他有一把價值連城的茶壺後，蜂擁而來，有的問還有沒有其他的寶貝，有的甚至開始向他借錢。更有甚者，晚上推他的門。他的生活被徹底打亂了，他不知該怎樣處置這把壺。

當那位商人帶著二十萬元現金，第二次登門的時候，老鐵匠再也坐不住了。他招來左右店鋪的人和前後鄰居，當眾把那把壺砸了個粉碎。

現在，老鐵匠還在賣鐵鍋、斧頭和拴小狗的鐵鍊子，今年他已經一百零二歲了。

當平庸變為珍奇時，往日平凡的生活必然會因此而被打亂。能夠克服內心的貪欲，果斷地放棄干擾平靜生活的因素，你才能真正享有屬於自己的人生。

把心靈的觸角伸長一點點

有位花匠，他家院子裡的一株葡萄藤今年結了不少葡萄。

花匠很高興，便摘了一些送給了一個商人。商人一邊吃一邊說：「好吃，好吃！多少錢一斤？」

花匠說不要錢，但商人不願意，堅持把錢付給了他。

花匠又把葡萄送給了一個當議員的，他接過葡萄後沉吟了良久，問：「你有什麼事要我幫忙嗎？」

花匠再三表示沒有什麼事，只是想讓他嘗嘗而已。

花匠又把葡萄送給了一位少婦，她有點意外，而她的丈夫則在一旁一臉的警惕。看樣子，他極不歡迎花匠的到來。

花匠又把葡萄給了一個過路的老人，老人吃了一顆後，摸了摸白鬍子，說了聲「不錯」，就頭也不回地走了。

那花匠很高興，他終於找到了一個真正能和他一起分享快樂心情的人。

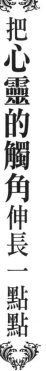

這個世界上，也許人與人之間的快樂分享在彼此忙碌的身影中漸漸稀疏起來了，但彼此渴望對方關愛的呵護一下的感動依然存在著。

只要彼此把心靈深處呵護的觸角伸長一點點，也許你的生命裡就會多一束陽光，這個世界的生命裡也會多一份微笑的。

大象的鼻子

上帝造大象的時候，一時疏忽把大象的鼻子拉得又大又長，使大象變得奇醜無比。他想為大象重新造一個鼻子，但轉念一想，世界上已經有很多美麗的動物了，比如老虎、長頸鹿、天鵝、孔雀等，也應該有一些醜陋的動物才是，這樣世界才變得豐富多彩。

於是，他決定讓大象接受醜陋的事實。

大象一開始不知道自己長得醜陋，牠喜歡到動物中間去活動，可是，別的動物見了牠後都紛紛躲開了，像是碰到了怪物。大象十分納悶，心想，自己是一個善良溫和的動物，從沒有傷害過其他動物，可是為什麼大家如此不願意和我在一起呢？一天，大象去湖邊喝水。

湖水清如明鏡。大象仔細地看著自己在水中的影像，天哪，自己怎麼這樣醜陋呀。大象傷心極了：「上帝為什麼給別的動物製造出比例合適而且好看的鼻子，偏偏給我造了一個奇大奇醜的鼻子。」

不過，大象是心胸開闊的動物，牠想，上帝不會給我醜陋的東西。既然有了這個大鼻子，那麼就用牠做些事情吧。

牠先學會用鼻子吸水，只要自己站在河邊上，把長長的鼻子往河中一伸，就很容易吸到河中的水。這樣別的動物喝不到水的地方，而大象往往能夠喝到。大象還用長鼻子去卷樹枝，拔樹幹，作為自己的食物。

由於鼻子又長又大，它能夠弄到很高地方的樹枝樹葉，拔出很粗很粗的樹木，醜鼻子給大象帶來了數不清的好處。

由於大鼻子發揮了作用，大象吃到和喝到的東西又多又好，而且由於經常使用鼻子幹活，使大象得到了很好的鍛煉，牠的身體越來越強壯。億萬年之後，大象成為陸地上最為強大的動物，很少有動物敢挑戰大象。

這天，上帝忽然想起大象和牠的醜鼻子。上帝感到很內疚，覺得一時突發奇想，卻給大象造成了終生的缺憾。於是，他想找到大象，給牠重新造一只好看的鼻子。可是，當他找到大象時，卻吃驚地發現大象不是原來的樣子了，牠變成了龐然大物，大象的鼻子比原來大多了長多了，看上去並不醜，而是顯得很有力量。

天哪，上帝驚歎一聲，說道：「大象是一個聰明的動物，牠把自己的醜陋變成了一種力量，醜鼻子已成為大象生存的法寶，看來我沒有必要再改造牠了。」

人都不希望自己長得醜陋，但是，你若長得醜陋該怎麼辦？自慚形穢是不能解決問題的，最為明智的選擇是以此作為抗爭的動力，將醜陋轉化為一種力量。當你變得強大的時候，醜陋就會轉變為美麗了。

牢騷太盛防腸斷

一個年輕人，一直得不到重用，為此，他愁腸百結，異常苦悶。

有一天，這個年輕人去問上帝：「命運為什麼對我如此不公？」

上帝聽了沉默不語，只是撿起了一顆不起眼的小石子，並把它扔到亂石堆中。

上帝說：「你去找回我剛才扔掉的那個石子。」

結果，這個年輕人翻遍了亂石堆，卻無功而返。這時候，上帝又取下了自己手上的那枚戒指，然後以同樣的方式扔到了亂石堆中。

結果，這一次，他很快便找到了那枚戒指——那枚金光閃閃的金戒指。

上帝雖然沒有再說什麼，但是年輕人一下子醒悟了：當自己還只不過是一顆石子，而不是一塊金光閃閃的金子時，就永遠不要抱怨命運對自己不公平。

每件事都有正反面，遇到不如意的事情時，要學會思考，而不是成天地抱怨和發牢騷。

「牢騷太盛防腸斷」，事情沒有得到任何改觀，反而身體卻變壞了。當你還不是金子的時候，就需要磨礪，需要面對和正視人生的挫折和坎坷，直到把自己煉成真金。努力改變自己，使自己有一天熠熠生輝，光彩奪目。經霜的楓葉才最紅。

愛說「可是」沒出息

湯姆和傑克遜是鄰居。他們的家坐落在離小村二里遠的山坡上，那裡空氣清新，景色宜人，而且每到春夏交替的那段日子，山花與松葉所散發的清香就會瀰漫整個山谷，愜意極了。然而美中不足的是，在通往他們兩家的路上，有一棵胡楊樹擋在路中，每次開車路過時，他們不得不小心翼翼地繞過它。

一天，湯姆和傑克遜在路上相遇了，他們商量要把這棵樹砍掉，以免麻煩的蔓延，最好明天就動手。

「可是……可是我明天要到明尼蘇達去，我有一個非常重要的公務！」湯姆說。

「那麼就過幾天好了，我想我們會做得很好的！」傑克遜聳了聳肩說。

然而事情的發展並沒有像傑克遜所預想的那樣。幾乎每次談到這件事，他們都會有一些意外的事情要去處理。就這樣，日子一天天地過去了，一年，兩年、五年、十年、二十年……當他們已是鬢髮斑白的時候，一天，兩個老人再次在樹旁相遇了。

「老夥計，我們真的應該把它砍掉了，要不然琳達和凱森他們可能會在這出事的。

看，這傢伙的體形越來越大了，佔據了半條路的空間。」傑克遜望著已經長得粗壯如柱的胡楊樹說。

「是啊，這麼久了，我們還是沒有砍掉它，這回我們該用鋸子鋸嘍！」湯姆邊說邊蹣跚著向家裡走去，他決心用那把小鋼鋸鋸斷它。

可是，由於他們已老邁，再也拉不動那把小鋼鋸了！

人生有太多的事要做，小事必須立即去做，才會有做大事的可能。在這個過程中，許多努力是辛苦的，你要做自己不喜歡的工作，你要不斷驅趕一些令你煩心的事，等等。但是，別人同樣和我們一樣，卻成功了。「成功的人找辦法，失敗的人找藉口。」主動進取，才能成功。

別為小事所累

荷馬・克羅伊是個寫過好幾本書的作家。以前他寫作的時候，常常被紐約公寓熱水燈的響聲吵得異常煩躁。蒸氣會怦然作響，然後又是一陣嗤嗤的聲音——而他則在他的書桌前氣得直叫。

「後來」，荷馬・克羅伊說，「有一次我和幾個朋友一起出去宿營，當我聽到木柴燒得很響時，我突然想到：這些聲音多像熱水燈的響聲，為什麼我會喜歡這個聲音，而討厭那個聲音呢？我回到家以後，跟自己說：『火堆裡木頭的爆裂聲，是一種很好的聲音，熱水燈的聲音也差不多，我該埋頭大睡，不去理會這些噪音。』結果，我果然做到了：頭幾天我還會注意熱水燈的聲音，可是不久後我就把它們整個地忘了。」

「很多其他的小憂慮也是一樣，我們不喜歡那些，結果弄得整個人很頹喪，只不過因為我們都誇張了那些小事的重要性……」

狄士雷里說過：「生命太短促了，不能再只顧小事。」

我們常常讓自己因為一些小事情，一些應該不屑一顧和忘了的小事情給弄得心煩意亂……我們活在這世上只有短短的幾十年，而我們浪費了很多不可能再補回來的時間，去愁一些在一年之內就會被所有的人忘了的小事。

不要這樣，讓我們把我們的時間只用在值得做的事情上，去運用正確的思維，去經歷真正的感情，去做必須做的事情。因為生命太短促了，不該再顧及那些小事。誠然，生命太短促了，無暇只顧小事。想成功，就必須不為小事和外物所累，我們不能因為被蚊子咬了一口就不吃飯、不喝水地生悶氣。

因為小事和無名麻煩困擾，做事業就沒心情，沒意思，就會陷入泥淖中。到頭來，你會發現常因小事而耽誤了大事，並為此遺憾懊悔。行動起來吧！別為小事所累，忘記不開心。

想到就去做

詹姆士是個普通的年輕人，二十幾歲，有妻子和小孩，收入並不多。他們全家住在租來的一間小公寓裡，夫婦倆人都渴望有一棟自己的新房子。他們希望有較大的活動空間，比較乾淨的環境，小孩有地方玩。

買房子的確很難，必須要有錢支付分期付款的頭期款才行。有一天，當詹姆士簽發下個月的房租支票時，突然非常地不耐煩，因為房租跟每月分期付款差不多。

詹姆士就跟妻子說：「下個禮拜我們就去買一棟新房子，你看怎樣？」

「你怎麼突然想到這個？」他妻子問，「開玩笑，我們哪有能力？可能連頭期款都付不起。」

但是詹姆士已經下定決心：「跟我們一樣想買一棟新房子的夫婦大約有幾十萬，其中只有一半能如願以償，一定是什麼事情才使他們打消這個念頭。我們一定要想辦法買一棟房子，雖然我現在還不知道怎麼湊錢，可是一定要想辦法。」

到了第二個禮拜，他們真的找到一棟兩人都喜歡的房子，樸素大方又實用，總價是一萬兩千美元。現在的問題是怎樣湊出一萬兩千美元。

詹姆士知道無法從一般銀行借到這筆錢，因為這樣會妨害他的信用，使他無法獲得一項關於銷售款項的抵押借款。

後來他突然有了一個靈感，為什麼不直接找承包商談談，向他私人貸款呢？他真的這麼去做了。

承包商開始很冷淡，由於他一再堅持，終於同意了。他同意詹姆士把一萬兩千美元的借款按月交一千美元，利息另外計算。

現在詹姆士要做的是，每個月湊出一千美元。夫婦兩個想盡辦法來省，一個月可以省下兩百五十美元，但還有七百五十美元要另外想辦法。

這時詹姆士又想到另一個點子。

第二天早上，他直接跟老闆解釋這件事，他的老闆也很高興他要買房子。

詹姆士說：「老闆，你看，為了買房子，我每個月要多賺七百五十美元才行。我知道，當你認為我值得加薪時一定會加，可是現在我很想多賺一點錢，公司的某些事情可能在週末做更好，你能不能答應我在週末加班呢？有沒有這個可能呢？」

老闆對於他的誠懇和雄心非常感動，真的找出許多事情讓他在週末工作十小時。詹姆士和他的妻子因此歡歡喜喜地搬進新房子了。當人們面對一件事情的時候，要拿出勇氣去把事情做成，想到就做到。

平庸的人永遠被動地等待，一定要等到每件事條件都有利，萬無一失才去做。可是，又有哪件事是完美的呢？那就只能按部就班了。成功的人並不是有著處理所有問題的能力，但是一旦發生問題，一定有勇氣去克服。

功高不傲，低調做人

「指揮皆上將，談笑半儒生」的徐達，出生於濠州（今安徽鳳陽）一個農家，兒時曾與朱元璋一起放過牛。在其戎馬一生中，有勇有謀，用兵持重，為明朝的創建和中國的統一立下赫赫戰功，是中國歷史上著名的謀將帥才，深得朱元璋寵愛。

但是，就是這樣一位戰功赫赫的人，卻從不居功自傲。徐達每年春天掛帥出征，暮冬之際還朝。回來後立即將帥印交還，回到家裡過著極為儉樸的生活。

按理說，這樣一位兒時與朱元璋一起放過牛的至交，且戰功赫赫，甚至朱元璋還將自己的次女許配給他，完全可以「享清福」。朱元璋也在私下對他說：「徐達兄建立了蓋世奇功，從未好好休息過，我就把過去的舊宅邸賜給你，讓你好好享幾年清福吧。」

朱元璋的這些舊邸，是其登基前當吳王時居住的府邸，可是徐達就是不肯接受。萬般無奈的朱元璋請徐達到這些府邸飲酒，將其灌醉，然後蒙上被子，親自將其抬到床上睡下。徐達半夜酒醒問周圍的人自己住的是什麼地方，內傳說：「這是舊內。」徐達大吃一驚，連忙跳下床，俯在地上自呼死罪。朱元璋見其如此謙恭，心裡十分高興，命有關部門在此舊邸前修建一所宅第，門前立一牌場，並親書「大功」二字。

徐達功高不驕，還表現在他好學不倦、嚴於律己上。放牛出身的徐達，少年時無讀書機會，但他十分好學，虛心求教，每次出征都攜帶大量書籍，一有時間便仔細研讀，掌握了淵博的軍事理論。因此每每臨陣指揮，莫不料敵如神，進退有據，且每戰必勝，令人心服。

身為統帥的徐達，還能處處與士兵同甘共苦。遇到軍糧不濟，士兵未飽，他也不飲不食；紮營未定，他也不進帳休息；士卒傷殘有病，他親自慰問，給藥治療。如遇上士卒犧牲，他更是重視而籌棺木葬之。將士對他無不感激和尊敬。

本來可以聲色犬馬的徐達，卻平生無聲色酒賭之好，「婦女無所愛，財寶無所取，中正無所疵，昭明乎日月」。

朱元璋賜予他一塊沙洲，由於正處於農民水路必經之地，家臣以此擅謀其利，徐達知道後，立即將此地上繳官府，「其無私欲，持大節類如此」。

徐達為人處世真是高，不論做了多大貢獻，也不邀功，也不要賞，視自己如平常一樣。因為他懂得在做人時，不管官有多大，自己有多大能耐，都要夾著尾巴做人，所以他才會得善終。若他同韓信一般，得志便張狂，朱元璋定會也將殺之。

一三八五年，徐達病逝於南京。朱元璋為之輟朝，悲慟不已，追封為中山王，並將其肖像陳列於功臣廟第一位，稱之為「開國功臣第一」。

徐達輝煌的一生，與他夾著尾巴做人是分不開的，他有功不邀，小便宜不占，所以才留名青史。做人不可驕傲自滿，有了成績就目中無人，往往成為人們攻擊的對象，謹慎為人，終得善果。我們做事業同樣如此。

不要自找麻煩

李勣是唐代初年的大將，參加過瓦崗軍，失敗後投奔唐朝，任右武侯大將軍，封曹國公，賜姓李，為避唐太宗李世民之諱而改單名勣。唐高宗李治即位後，李勣任司空，為人機巧，行事謹慎。

高宗李治想立太子，由於王皇后沒有兒子，武則天卻有，便向大臣們徵求意見。尚書右僕射褚遂良提議說：「王皇后是世家之女，是先帝為陛下娶的，先帝臨終前拉著陛下的手對大臣們說：『我的好兒子好媳婦，現在託付給你們了。』陛下聽到過這話，至今如在耳畔，沒有聽說王皇后有什麼過錯，怎麼能輕易將她廢除了呢？陛下如果一定要變更皇后，懇請好好選擇天下的望族，何必要選武氏呢？武氏曾經跟隨過先帝，這是眾所周知的，天下眾人的耳目，怎麼能遮擋得住呢？」

韓瑗也上書李治，力主不選武則天，但高宗聽不進去。

後來，高宗問李勣的看法，李勣生性乖巧，心想這個關鍵時刻超越自己本分發表意見，可能招來殺身之禍，廢立皇后成功與否，都是性命攸關。同意廢除王皇后，要是不成功，就將得罪王皇后；不同意廢除王皇后，如果武則天被選中，無疑是自投羅網。

李勣左思右想，含糊其辭地對高宗說：「這是陛下的家事，有什麼必要問外人呢？」

高宗聽了這話便下定決心，將褚遂良降職為潭州都督，馬上廢除王皇后和蕭淑妃，下令將武則天立為皇后。

武則天當上皇后之後，任用大臣許敬宗排斥打擊不同意擁立她為皇后的大臣，長孫無忌、褚遂良、韓瑗等一批人，或者被貶逐，或者被誅殺。李勣卻因為應付巧妙，避免了禍及自身，並且受到重用，負責審理長孫無忌等人的案子。

不論辦什麼事情，都要注意不超越自己的本分和地位，該說的說，不該說的不說，要以自己的職責為限，謹慎持重，不能多加賣弄，以免惹禍上身，尤其是多管閒事。

示弱籠人心

有一位記者去拜訪一位政治家，目的是獲得有關他的一些醜聞資料。

然而，還來不及寒暄，這位政治家就對想質問的記者制止說：「時間還長得很，我們可以慢慢談。」記者對政治家這種從容不迫的態度大感意外。

不多時，僕人將咖啡端上桌，這位政治家端起咖啡喝了一口，立即大嚷道：「哦！好燙！」

咖啡杯隨之滾落在地。等僕人收拾好後，政治家又把香菸倒著插入嘴中，從過濾嘴處點火。

這時記者趕忙提醒：「先生，你將香菸拿反了。」

政治家聽到這話之後，慌忙將香菸拿正，不料卻將菸灰缸碰翻在地。

平時趾高氣揚的政治家出了一連串洋相，使記者大感意外，不知不覺中，原來的那種挑戰情緒消失了，甚至對對方懷有一種親近感。

這整個的過程，其實是政治家一手安排的。

當人們發現傑出的權威人物也有許多弱點時，過去對他抱有的恐懼感就會消失，而且由於受同情心的驅使，還會對對方發生某種程度的好感。

為人處世中，要想使別人有親近的感覺，放鬆警惕，就要巧妙地露出無關痛癢的缺點，表明自己是個平常人，才能使人不與你為敵。事業上，也是一樣，表現再突出，也要露點「破綻」才好。

傷人莫傷心

在戰國時代，有一個叫中山的小國。

一次，中山的國君設宴款待國內的名士。當時正巧羊肉湯不夠了，無法讓在場的人都喝上。沒有喝到羊肉湯的司馬子期感到很失面子，便懷恨在心，到楚國勸楚王攻打中山國。中山很快被攻破，國王逃到了國外。

當他逃走時，發現有兩個人拿著戈跟在他的後面，便問：「你們來幹什麼？」兩人回答：「從前有一個人曾因得到您賜予的一點食物而免於餓死，我們就是他的兒子。我們的父親臨死前囑咐，不管中山以後出什麼事，我們必須竭盡全力，甚至不惜以死報效國王。」

中山國君聽後感歎地說：「仇怨不在乎深淺，而在於是否傷了別人的心。我因為一杯羊肉湯而亡國，卻由於一點食物而得到兩位勇士。」

從前有某顯宦，喜歡下棋，自負是國手。某甲是他門下的一名食客，有一天與某顯宦下棋，一入手便咄咄逼人。比賽到後來，竟逼得某顯宦心神失常，滿頭大汗。某甲見對方焦急的神情，格外高興，故意留一個破綻。某顯宦滿以為可以轉敗為勝，誰知某甲突出妙手，局面立時翻盤。

某甲很得意地道：「你還想不死嗎？」某顯宦遭此打擊，心中很不高興，立起身來就走。

從此以後，不再與食客下棋。某甲鬱鬱不得志，以食客終其身。

傷人莫傷心。人的自尊比金子還貴，沒錢尚可，傷了自尊則不行。為人處世一定要注意給人留面子，不要在小事上傷了別人的心。這也是處理人際關係的準則，況且傷了別人的心，自己也不好過。

認識你自己

《伊索寓言》中有一則關於鄉下老鼠和城市老鼠的故事：城市老鼠和鄉下老鼠是好朋友。有一天，鄉下老鼠寫了一封信給城市老鼠，信上這麼寫著：「城市老鼠兄，有空請到我家來玩。在這裡，可享受鄉間的美景和新鮮的空氣，過著悠閒的生活，不知意下如何？」

城市老鼠接到信後，高興得不得了，立刻動身前往鄉下。到那裡後，鄉下老鼠拿出很多大麥和小麥，放在城市老鼠面前。城市老鼠不以為然地說：「你怎麼能夠老是過這種清貧的生活呢？住在這裡，除了不缺食物，什麼也沒有，多麼乏味呀！還是到我家玩吧，我會好好招待你的。」

鄉下老鼠於是就跟著城市老鼠進城去。

鄉下老鼠看到那麼豪華、乾淨的房子，非常羨慕。想到自己在鄉下從早到晚，都在農田上奔跑，以大麥和小麥為食物，冬天還得在那寒冷的雪地上搜集糧食，夏天更是累得滿身大汗，和城市老鼠比起來，自己實在太不幸了。

聊了一會兒，他們就爬到餐桌上開始享受美味的食物。突然，「砰」的一聲，門開了，有人走了進來。他們嚇了一跳，飛也似的躲進牆角的洞裡。

鄉下老鼠嚇得忘了飢餓，想了一會兒，戴起帽子，對城市老鼠說：「鄉下平靜的生活，還是比較適合我。這裡雖然有豪華的房子和美味的食物，但每天都緊張兮兮的，倒不如回鄉下吃麥子來得快活。」說罷，鄉下老鼠就離開都市回鄉下去了。

人的生活環境、際遇、經歷都是不同的，所以有不同的生活方式，即使對外界很好奇，或是一時過著另一種生活，但終究他們還是會回歸到自己所熟悉的框架中去。

留條後路給自己

在一片茫茫的沙漠的兩邊，有兩個村莊。要到達對面的村莊，如果繞過沙漠走，至少需要馬不停蹄地走上二十多天；如果橫穿沙漠，只需要三天就能抵達。但橫穿沙漠實在太危險了，許多人試圖橫穿，卻無一生還。

有一天，一位智者經過這裡，讓村裡人找來了許多胡楊樹苗，每半里栽一棵，從這個村莊一直栽到了沙漠那端的村莊。

智者告訴村裡人說：「如果這些胡楊樹有幸成活，你們可以沿著胡楊樹來來往往；如果沒有成活，那麼每一個行路者經過時，都將枯樹苗拔一拔，以免被流沙湮沒了。」

結果，這些胡楊樹苗栽進沙漠後，全都被烈日烤死了，成了路標。

沿著這些路標，兩村人平平安安地走了十幾年。

一年夏天，一個外地僧人堅持要一個人到對面的村莊去化緣。大家告訴他說：「你經過沙漠的時候，遇到要倒的胡楊一定要向下再插深些，遇到即將被湮沒的胡楊，一定要將它向上拔一拔。」

僧人點頭答應了，然後就帶了一皮袋水和一些乾糧上路了。遇到一些就要被沙塵徹底湮沒的胡楊時，這個僧人想：「反正我就走這一次，湮沒就湮沒吧。」他沒有伸出手去將這些胡楊向上拔一拔。遇到一些被風暴吹打得搖搖欲倒的胡楊時，這個僧人也沒有伸出手去將這些胡楊向下插一插。

但就在這位僧人走到沙漠深處之時，靜謐的沙漠驀然間飛沙走石，許多胡楊被湮沒在厚厚的流沙裡，也有一些胡楊被風暴捲走了，沒有了蹤影。

僧人像沒頭的蒼蠅似的東奔西走，卻再也走不出這片大沙漠了。僧人在氣息奄奄的那一刻十分懊悔：如果自己能按照大家囑咐的那樣做，那麼即使沒有了進路，還可以擁有一條平平安安的退路啊！

給別人留條退路就是給自己留條後路。凡事都要留條退路，許多人就是只顧眼前，不顧長遠，而最終為之所害，甚至是身敗名裂，家破人亡，不可不鑒。

學會低頭

一次，一位氣宇軒昂的年輕人，昂首挺胸去拜訪一位德高望重的老前輩，不料，一進門，他的頭就狠狠地撞在了門框上，疼得他一邊不停地用手揉著，一邊看著比他的身子矮一大截的門。

恰巧，這時那位前輩前來迎接他，見之，笑笑說：「很疼吧？可是，這將是你今天來訪問我的最大收穫。」年輕人不解，疑惑地望著他。

「一個人要想平安無事地生活在世上，就必須時刻記住：該低頭時就低頭。這也是我要教你的事情。」老人平靜地闡發著他的睿智。

這位年輕人，就是被稱為美國之父的佛蘭克林。

據說，佛蘭克林把這次拜訪得到的教導看成是一生最大的收穫，並把它作為人生的生活準則去遵守，因此受益終生。

後來，他成為功勳卓著的一代偉人。人生要經歷成千上萬的門檻，並非每次都要挺胸而入，有時可能要不停地碰到障礙，或碰到壁上，甚至伏地而行。我們不能一味地硬闖和莽撞，不能一味地講「骨氣」，到頭來可能被拒之門外或撞得頭破血流。

學會低頭，才能繞過荊棘，它是一種智慧，更是成長的必經之路。

「看不清」的智慧

有一部充滿了機趣的京劇，叫《宰相劉羅鍋》。

在「夜審」一折中，乾隆微服私訪，沒想到惹上了命案，被捉入江寧大牢。知府劉墉得知實情後，審也不是，放也不是，不僅陷入了兩難的局面，稍一不慎，可能會慘遭滅族的命運。

聰明的劉羅鍋想出了一個方法，大牢裡只點一支蠟燭，透過微暗的燭光審案，黑漆漆的什麼都看不清楚，既保留了天子的顏面，也盡到了地方官的職責。

關鍵在於「看不清」。

就是這個「看不清」幫劉墉解決了這個難題和危機。

「看不清」才是真正的「看得清」。

「看不清」並不是刻意地投降輸誠，讓對方贏得一個尷尬的勝利。相反的，是透過一種高明的策略，無心插柳似的給對方一個臺階下，雙方心知肚明，卻也心照不宣。

劉羅鍋固然要「看不清」，更重要的是乾隆也要裝糊塗，表面上相安無事的君臣，可是機關算盡、苦心經營的結果呢。

人無絕對的好壞，事無絕對的黑白，黑夜中尚存星光，白晝前黑如鍋底，外在的環境有時並非個人所能左右。

如何巧妙智慧地對待突發事情和人物，是一門學問。看得太清不如看不清，而心知肚明如何運用，則是需要心機的。

做人與做事

有一位華僑，在國外事業做得很大，但思鄉情重，想出資在家鄉開工廠。消息傳開後，很多人紛紛與他聯繫，願意與他合作在家鄉開辦工廠，因為大家都看到此事有利可圖。這讓老華僑在挑選合作者時很困難。

最後，他在眾人之中挑了兩個比較合適的人選，想在他們二人中挑出一個。他叫來那兩個人說：「我本人沒有什麼愛好，唯獨酷愛下棋，今天，你們誰下贏了我，那麼我就會與誰合作。」

那兩個人也都是下棋高手，棋都下得極好。第一個人與老華僑下了起來，最後老華僑以微弱的優勢戰勝了那個人。

第二個人很精明。在下棋當中，老華僑轉身去倒了一杯水，這個人以為他不在意，偷偷換了一個棋子，其實這一切全被老華僑從玻璃的影像上看到了。最後，第二個人獲得了勝利。

但是，在後來，老華僑卻選擇了下輸了棋的那個人來管理自己在國內的事業。第一個人雖然未贏，卻是憑實力去爭取；第二個人雖然贏了。卻是換了棋子，由此可見，這是人生態度的問題，這是一場品德的考驗，結果出乎意料卻在情理之中。

沒有什麼比誠實做人更重要，如果能清白做人，則也一定能清白地做事。

適可而止

莊子帶著學生到山中，看見伐木者正在砍伐樹木，卻有一棵枝葉繁茂的大樹沒有受到伐木者的青睞。莊子問他們何以沒有伐這棵大樹，伐木者回答：「這棵樹根本沒有用處。」

下山之後，莊子到一位老朋友家休息，老友相見，分外高興，連忙命兒子去殺一隻鵝款待。

兒子問：「一隻會叫，一隻不會，殺哪一隻？」

父親說：「殺那隻不會叫的。」

第二天，學生們問莊子：「昨天山中那棵大樹因為沒有用處，所以沒有被砍伐，而主人家的鵝卻又由於沒有用處被宰殺。請問老師，您是以什麼樣的態度作為處世之道呢？」

莊子笑著說：「我將自己處於有用和無用之間，看似有用，又似無用；看似無用，又似有用。不過，這仍難免有害。如果能心懷道德待人處世，就決計無害了。」

羚羊被捕殺，只因為羚羊有角；墳墓被挖掘，只因為墓中埋有殉葬的金銀。而樹之所以未被伐，是因為毫無用處；鵝之所以被殺，是因為不會發出叫聲。看似無用的東西得以保全，因為對人來說，它沒有用處；同樣，沒有得以保全的，也是由於沒有用處。

有用和無用都是相對於人的態度問題，中庸不一定好，出頭不一定好，沉默也不一定好，最好的處世方法就是不偏不倚，適可而止，恰到好處。

喝下洗手水

溫莎公爵除了不愛江山愛美人的傳奇外，還有許多鮮為人知的小故事。

有一次，英國王室為了招待印度當地居民的首領，在倫敦舉行晚宴，其時還是「皇太子」的溫莎公爵主持這次宴會。

宴會中，達官貴人們觥籌交錯，相與甚歡，氣氛融洽。可是就在宴會正要結束的時候，出了這麼一件事。

侍者為每一位客人端來了洗手盤，印度客人們看到那精巧的銀制器皿裡盛著亮晶晶的水，以為是喝的水呢，就端起來一飲而盡。

作陪的英國貴族們目瞪口呆，不知如何是好，大家紛紛把目光投向主人。溫莎公爵神色自若，一邊與客人談笑風生，一邊也端起自己面前的洗手水，像客人那樣「自然而得體」地一飲而盡。

接著，大家也紛紛效仿，本來要造成的難堪與尷尬頃刻釋然，宴會取得了預期的成功，當然也就使英國國家的利益得到了進一步的保證。

大家都錯了，就是對的了。

有胸懷、有教養、有風度的人，都會去照顧別人的面子，不因小失大。這也是處世的圓融之處，高明之處。

狼與老太婆

一隻狼出去找食物，找了半天一無所獲。偶然經過一戶人家，聽見房中孩子哭鬧，接著傳來一位老太婆的聲音：「別哭啦！再不聽話，就把你扔出去餵狼吃。」

狼一聽此言，心中大喜，便蹲在屋後不遠的地方等著。等到太陽落山了，也沒見老太婆把孩子扔出來。晚上，狼已經等得不耐煩了，轉到房前想伺機而入，卻又聽老太婆說：「快睡吧，別怕，狼來了，咱們就把牠殺死煮了吃。」

狼聽了，嚇得一溜煙跑回老窩。

同伴問牠收穫如何，牠說：「別提了，老太婆說話不算數，害得我餓了一天，不過幸好後來我跑得快。」

別把人家的信口開河當成真話，很多時候人家只不過是拿你說故事而已，自己卻煞有其事，亂了陣腳，正常的生活、工作全因別人的一句話給改變了。所以，聽人說話得看人對事，聽真實些。

把樹苗拔下來澆水

在印度民間流傳著一個故事。

有一次，印度的國都舉行祭奠，宮廷的護衛也必須奉命前往。有一個護衛對院子裡的猴子王說：「我有事要出去，我不在的時候，你要替我照顧好院裡的樹苗，不要讓它們枯死了，一定不要忘記打水灌溉。」

猴子王馬上召集手下說：「喂！你們現在替小樹打水，不過，不能浪費水。澆水之前，要把樹苗一棵一棵拔起看一下，為了節省用，根長的就多澆些水，根短的就少澆些水。」

猴子們立刻遵照指示去做。

這時，有一個賢者路過看見，便問猴子王說：「為什麼要把樹苗拔起來看呢，要知道樹苗栽好了是不能拔起來的，直接澆水不就行了嗎？」

猴子王回答說：「我們只是奉領袖的命令辦事而已。」

賢者聽後，不禁悲歎說：「唉！你們真是愚蠢又無知！自以為這是兩全其美的做法，卻不知道這樣做只會使後果不堪設想！」

這些猴子只知忠實地服從命令，用水澆樹，根本沒有想到剛栽種的樹苗不能隨意拔起來，因此，結果反而使樹苗更迅速地枯萎。

和揠苗助長一樣，違反了規律辦事，卻又偏偏自以為是，執意而為，不知變通，結果事與願違，遭人嘲笑，害人害己，禍害無窮。

※為保障您的權益，每一項資料請務必確實填寫，謝謝！

姓名		性別	□男　□女
生日	年　月　日	年齡	
住宅地址	郵遞區號□□□		
行動電話		E-mail	

學歷

□國小　□國中　□高中、高職　□專科、大學以上　□其他______

職業

□學生　□軍　□公　□教　□工　□商　□金融業
□資訊業　□服務業　□傳播業　□出版業　□自由業　□其他______

謝謝您購買本書，也請您與我們一起分享讀完本書後的心得。

務必留下您的基本資料及電子信箱，使用我們準備的免郵回函寄回，我們每月將抽出一百名回函讀者，寄出精美禮物以及享有生日當月購書優惠！想知道更多更即時的消息，歡迎加入"永續圖書粉絲團"

您也可以使用以下傳真電話或是掃描圖檔寄回本公司電子信箱，謝謝！

傳真電話：（02）8647-3660　電子信箱：yungjiuh@ms45.hinet.net

●請針對下列各項目為本書打分數，由高至低5～1分。

項目	5	4	3	2	1	項目	5	4	3	2	1
1. 內容題材	□	□	□	□	□	2. 編排設計	□	□	□	□	□
3. 封面設計	□	□	□	□	□	4. 文字品質	□	□	□	□	□
5. 圖片品質	□	□	□	□	□	6. 裝訂印刷	□	□	□	□	□

●您購買此書的地點及店名______

●您為何會購買本書？

□被文案吸引　□喜歡封面設計　□親友推薦　□喜歡作者
□網站介紹　□其他______

●您認為什麼因素會影響您購買書籍的慾望？

□價格，並且合理定價是______　□內容文字有足夠吸引力
□作者的知名度　□是否為暢銷書籍　□封面設計、插、漫畫

●請寫下您對編輯部的期望及意見：

221-03

新北市汐止區大同路三段194號9樓之1
FAX：（02）8647-3660
E-mail：yungjiuh@ms45.hinet.net

廣　告　回　信
基隆郵局登記證
基隆廣字第200132號

培育
文化事業有限公司

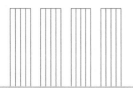

讀者專用回函

生命日記：最真心的故事，最感動的時刻

培養文化育智心靈的好選擇